A FÁBRICA DA FELICIDADE

onde a tristeza é transtorno mental

Editora Appris Ltda.
1.ª Edição - Copyright© 2024 do autor
Direitos de Edição Reservados à Editora Appris Ltda.

Nenhuma parte desta obra poderá ser utilizada indevidamente, sem estar de acordo com a Lei nº 9.610/98. Se incorreções forem encontradas, serão de exclusiva responsabilidade de seus organizadores. Foi realizado o Depósito Legal na Fundação Biblioteca Nacional, de acordo com as Leis nos 10.994, de 14/12/2004, e 12.192, de 14/01/2010.

Catalogação na Fonte
Elaborado por: Dayanne Leal Souza
Bibliotecária CRB 9/2162

O488f
2024
	Oliveira, Leandro Freitas
	   A fábrica da felicidade: onde a tristeza é transtorno mental / Leandro Freitas Oliveira. – 1. ed. – Curitiba: Appris, 2024.
	   129 p. : il. ; 21 cm.
	
	   Inclui referências.
	   ISBN 978-65-250-7039-1
	
	   1. Felicidade. 2. Tristeza. 3. Dor. 4. Alegria. 5. Emoções. 6. Neurociências. I. Oliveira, Leandro Freitas. II. Título.
	
	                                                                                            CDD – 152.42

Editora e Livraria Appris Ltda.
Av. Manoel Ribas, 2265 – Mercês
Curitiba/PR – CEP: 80810-002
Tel. (41) 3156 - 4731
www.editoraappris.com.br

Printed in Brazil
Impresso no Brasil

Leandro Freitas Oliveira

A FÁBRICA DA FELICIDADE
onde a tristeza é transtorno mental

Curitiba, PR
2024

FICHA TÉCNICA

EDITORIAL	Augusto V. de A. Coelho
	Sara C. de Andrade Coelho
COMITÊ EDITORIAL	Marli Caetano
	Andréa Barbosa Gouveia (UFPR)
	Edmeire C. Pereira (UFPR)
	Iraneide da Silva (UFC)
	Jacques de Lima Ferreira (UP)
SUPERVISORA EDITORIAL	Renata C. Lopes
PRODUÇÃO EDITORIAL	Daniela Nazario
REVISÃO	Marcela Vidal Machado
DIAGRAMAÇÃO	Andrezza Libel
CAPA	Mariana Brito
REVISÃO DE PROVA	Jibril Keddeh

Dedico este livro a todas as pessoas que, muitas vezes, precisam demonstrar felicidade, mesmo quando enfrentam suas próprias batalhas internas. Este livro é para aqueles que carregam o peso de um sorriso forçado em um mundo que constantemente exige alegria, mesmo que superficial.

Aos meus alunos e alunas, que diariamente me inspiram com sua sede de conhecimento e coragem para enfrentar os desafios da vida acadêmica e pessoal. Vocês são a prova de que é possível encontrar sentido e propósito mesmo em meio às adversidades.

E, finalmente, dedico este livro a todos que, em meio a um mundo repleto de diagnósticos, se questionam sobre a diferença entre tristeza e depressão. Que possamos juntos refletir sobre nossas emoções e encontrar caminhos para uma felicidade, por vezes temporária, mas autêntica, baseada na aceitação da nossa condição biológica.

AGRADECIMENTOS

Afinal, o que é a vida se não um conjunto de travessias? A jornada para a escrita deste livro foi repleta de desafios e descobertas, e não teria sido possível sem o apoio incondicional de pessoas especiais em minha história.

Primeiramente, quero expressar minha gratidão profunda à minha companheira, Laís Damasceno, cuja paciência e amor foram fundamentais para que eu pudesse me dedicar a este projeto. Laís, seu apoio silencioso e constante me deu a força necessária nos momentos mais difíceis.

Ao meu filho, Lorenzo Rodrigues, que com sua curiosidade e energia renovam minha paixão pela busca do conhecimento todos os dias. E à minha filha que está sendo gerada, Lorena Rodrigues, cuja chegada já ilumina nossos corações com um entusiasmo indescritível.

Minhas tias sempre foram pilares de sabedoria, força e carinho na minha vida. Em especial, agradeço à Lêda Gonçalves, por seu apoio contínuo e por ser espelho para minhas decisões docentes. Ao meu irmão Evandro Freitas, agradeço pela cumplicidade e por estar sempre ao meu lado, independentemente das circunstâncias.

Agradeço profundamente aos meus pais, Lucineide Gonçalves e Erivan Oliveira. Tudo que sou e tudo que consegui realizar deve-se aos valores e ao amor que vocês me transmitiram. Seu exemplo de dedicação e resiliência continua a me inspirar diariamente.

À memória da minha querida avó Maria Dalva, que recentemente nos deixou. Sua sabedoria, sua forma particular de demonstrar afeto e seu amor incondicional sempre iluminaram meu caminho, e sua lembrança continuará a guiar meus passos.

Também quero reconhecer meus amigos Gustavo Nonato e Dozivan Júlio, cujas conversas reflexivas, incentivos e amizades verdadeiras tornaram essa jornada ainda mais significativa.

E, finalmente, ao meu primo Danillo Macedo, cuja presença e apoio desde muito cedo foram essenciais ao longo desta caminhada.

A todos vocês, minha eterna gratidão. Este livro é tão de vocês quanto é meu, pois, sem partilha, o apoio e a presença de cada um, ele jamais teria se concretizado.

Felicidade é ter algo o que fazer, ter algo que amar e algo que esperar.

(Aristóteles)

APRESENTAÇÃO

Em uma sociedade em que se deseja muito, se adoece muito! O Brasil está entre os países mais deprimidos e ansiosos do mundo e, em contrapartida, também estamos entre os que mais consomem. Vivemos um momento que nos impulsiona constantemente para a busca pela felicidade — ser feliz está na moda! Em todos os cantos, mídias, *outdoors*, propagandas, filmes e fármacos nos bombardeiam com fotos sorridentes e mensagens que prometem a tão sonhada chave para uma vida satisfatória e alegre, seja por meio de bens materiais, agentes químicos, cirurgias estéticas mutiladoras, sucesso profissional ou reconhecimento social, todo mundo quer experimentar um pouquinho desse tal contentamento "contagiante". Algumas perguntas permanecem: o que realmente significa ser feliz? Poderia ser a felicidade um estado constante? Toda tristeza é doentia? Por que muitas vezes a expectativa nos parece ser tão mais prazerosa do que a concretização de um desejo?

Este livro é uma exploração crítica dessa busca patológica. Ao longo das páginas, mergulhamos nas complexas interações entre o cérebro, as emoções e as pressões sociais que moldam nossa percepção de felícia. A partir do olhar da neurociência, examinamos como esse órgão tão misterioso e pouco compreendido processa emoções como alegria, tristeza, medo e o impacto das expectativas sociais na nossa saúde mental, afinal, no mundo contemporâneo, a felicidade só é válida quando atestada pelo outro.

Logo no início da obra, apresentamos uma análise detalhada do papel do cérebro na sensação de bem-estar, explorando como mensageiros químicos, denominados neurotransmissores, influenciam nosso estado emocional e como a sociedade moderna transforma a felicidade em um produto comercializável, encontrado em qualquer prateleira, acessível a todos que possuem um capital, frequentemente às custas da nossa saúde mental!

A internet e as redes sociais desempenham um papel central nessa narrativa. Elas criam arquétipos de como e o que desejar, que são, na maioria das vezes, inatingíveis, levando a um ciclo interminável de comparação e insatisfação. Este livro convida o leitor a questionar esses padrões e a buscar uma compreensão mais autêntica, menos postada, longe dos holofotes das luzes de LED emitidas pelos atrativos brilhos das telas, fora do digital e próximo do real. Perceba, um cérebro constantemente alegre, assim como na tristeza, não é um cérebro saudável. Além das influências digitais, a religião também exerce um impacto significativo em nossa percepção de alegria e tristeza. As tradições religiosas e a "pedagogia do silício" moldam profundamente nossas emoções e comportamentos. Em contraste com a busca incessante pelo prazer superficial, exploramos a importância dos dessabores e dos desprazeres como componentes essenciais da biologia humana, destacando a necessidade de aceitar que esses momentos também fazem parte do que somos.

Ao longo dos capítulos, temos reflexões críticas sobre a sociedade da imediaticidade atrelada o sistema de mercado, onde a pressa em buscar soluções rápidas para a satisfação muitas vezes nos impede de apreciar o processo e os aprendizados que vêm com as dificuldades, no capitalismo nosso valor está intrinsicamente atrelado à nossa capacidade de produzir. Logo, não compreendemos, pela distração do sistema, que a pressão para o consumo nada mais é do que uma falsa promessa de se sentir pertencente.

Aqueles que enfrentam a ditadura da beleza e a assimetria do julgamento moral encontrarão aqui uma análise sobre como esses padrões afetam nossa autoimagem e bem-estar. Somos um dos países que mais faz cirurgia plástica estética no mundo, agora, o filtro das redes sociais foi substituído de forma perversa pelos cortes das lâminas afiadas dos bisturis dos cirurgiões plásticos. Como isso reflete na pós-modernidade? Mudou, agora somos tristes, mas com faces e corpos harmonizados.

No capítulo final, encorajamos uma abordagem mais realista e compassiva da felicidade, reconhecendo que a alegria está em aceitar a impermanência da vida. É um desafio escrever um livro que fale sobre tristeza enquanto, na contramão, olhamos todo um mercado nos obrigando a sorrir a qualquer custo e a qualquer preço. Mas acredite, até para lidarmos com nossos momentos tristes, precisamos admitir que eles estão presentes, como a própria Psicologia nos ensina, por meio da linguagem podemos eliminar os sintomas. Portanto, este livro é dedicado a todos que, em algum momento, se sentiram obrigados a esconder suas tristezas e demonstrar uma felicidade que não sentiam; a aqueles que precisaram recorrer desesperadamente aos fármacos, pois não podiam passar alguns dias de desprazer; mas, antes de tudo, é recomendado a pessoas inquietas, cheias de dúvidas, assim como eu, para juntos construirmos mais perguntas e, quem sabe, em um futuro distante, alguém tenha alguma resposta.

O autor

PREFÁCIO

Em um mundo baseado na busca por atalhos e promessas rasas de uma vida plena e sem percalços, é reconfortante a ideia de que ainda existam pessoas que colocam à prova todo o sistema em que estamos inseridos e não se deixam levar, como meros fantoches, a uma vida anestesiada e superficial. O doutor e professor Leandro, quando o conheci, me trouxe esperança e inspiração para que eu abrisse novos horizontes na minha vida por meio do conhecimento. Conhecimento esse que ele transcorre por meio deste livro, com uma linguagem didática e uma leitura leve, abordando temas que nos rodeiam diariamente e, mesmo que por vezes passando despercebido por nossos cérebros, impactam diretamente nossas vidas.

Você já parou para pensar na quantidade de coisas que desejamos e das quais corremos atrás incansavelmente? Ou no que estamos tratando como prioridade na sociedade em que tudo parece valer tanto, mas em seguida segue nos deixando incompletos? E, desses tais "objetivos", quais deles possuem um verdadeiro significado que nos deixe mais perto da tão almejada felicidade?

Refletindo sobre isso, acredito que um dos principais fatores que estão "em alta", atualmente, é a falta de um propósito. Ou melhor, a dificuldade da busca por um propósito que seja coerente com a nossa subjetividade devido à grande interferência de fatores, como o capitalismo, as redes sociais e até a má prática de uma religião, seja ela qual for.

Viktor Frankl, em sua obra *Em busca de sentido*, de 1946, enfatiza que "a vida não é primariamente uma busca por prazer, como acreditava [Sigmund] Freud, ou uma busca por poder, como ensinou Alfred Adler, mas uma busca por sentido. A maior tarefa de qualquer pessoa é encontrar sentido em sua vida". Olhando pelas lentes do psiquiatra e escritor austríaco, que escreveu esse livro do ponto de vista de um judeu no campo de concentração, é possível traçar um paralelo com o mundo contemporâneo, pois o nosso cérebro, a partir da falta de referência de um propósito na vida (seja ele no trabalho, no amor ou na coragem nos momentos difíceis), acaba entrando em estado de adoecimento.

As pessoas, paradoxalmente, muito ocupadas pela distração, acabam depositando todas as suas esperanças de felicidade em relações, bens materiais e aquisições supérfluas e efêmeras. Como será posteriormente abordado, essa busca incessante por esse estado emocional acaba nos afastando ainda mais dele e nos levando para um outro lado: o de constante autoaprovação (ou desaprovação?) e da ânsia pela aceitação social.

Para entender um pouco melhor esse ciclo interminável em que muitas pessoas se encontram hoje em dia, um dos fatores que mais se faz presente é o apego. Apego ao que nos vendem na internet como solução de nossos problemas, a padrões de beleza que nos fazem duvidar se estamos realmente de acordo com tal exigência, até o apego às emoções, em que tentamos evitar ao máximo que a felicidade dê espaço à tristeza, pois somos ensinados, erroneamente, que a "tristeza é transtorno mental", como provoca a capa deste livro. Para abordar com maior propriedade esse assunto, me permito trazer uma frase da filosofia budista, do monge S. Ema Gyalwa Dokhampa: "mas se aceitarmos que a vida é uma espécie de montanha russa, também perceberemos que tudo está sujeito a mudança. E se tudo é impermanente, nossa própria mente e emoções também o são".

Nas próximas páginas, pelo olhar da Neurociência, o professor Leandro discorre sobre o porquê de sempre darmos preferência à felicidade em detrimento da tristeza e o porquê de sempre estarmos fugindo dos desprazeres e dores que a nossa trajetória, inevitavelmente, nos apresenta. Afinal, qual seria a graça se a nossa história fosse monótona e previsível desde o nascimento? Por que não experienciar cada momento, seja ele bom ou ruim, e aprender que a beleza da vida está justamente na sua própria impermanência?

Este livro é para você, leitor(a), que assim como eu está atrás de alguns (ou muitos) "porquês" da vida, muito além daquelas frases prontas e dos discursos levianos que lemos por aí. Você que se entusiasma com as outras centenas de possibilidades que surgem logo após cada nova descoberta, que busca argumentos e conhecimento para ampliar seus horizontes e direcionar para um caminho mais tranquilo neste mundo tão inquieto. Somos seres únicos, com histórias de vida e aspirações ímpares, nada mais justo do que nos permitirmos ser quem bem entendermos.

Ao que me resta por aqui, gostaria de compartilhar um trecho de uma música da banda Legião Urbana, que o Leandro, em um certo momento de nossas aulas, usou como exemplo e que eu tomei como grande lição para minha vida. Um trecho provocativo ao tema deste livro, que contrapõe basicamente todas as ideias dessa "indústria da felicidade":

Quantas chances eu desperdicei
Quando o que eu mais queria
Era provar para todo mundo
Que eu não precisava provar nada para ninguém.
(Renato Russo)

Gustavo Nonato Santana[1]

---

[1] Gustavo Nonato Santana, mais conhecido como Gustavo Nonato ou simplesmente Nonato, é um futebolista brasileiro que desempenha a função de meio-campista.
Além de sua carreira nos gramados, Nonato nutre uma profunda paixão pelas neurociências e pela filosofia. Esse interesse começou a partir do acompanhamento do podcast "Cerebrando", realizado pelo autor desta obra, Dr. Leandro Freitas Oliveira. Fascinado pelos temas abordados, Nonato iniciou seus estudos nessas áreas com o Dr. Leandro, ampliando seus horizontes e contribuindo para uma compreensão mais profunda da mente humana e das questões existenciais.
Seu interesse pelas neurociências reflete um desejo constante de entender o funcionamento cerebral, enquanto a filosofia lhe proporciona um terreno fértil para reflexões sobre a vida e a felicidade. Essa combinação de disciplinas enriquece sua visão de mundo, tornando-o não apenas um atleta dedicado, mas também um pensador comprometido com o desenvolvimento pessoal e intelectual.

SUMÁRIO

1
A FELICIDADE E O CÉREBRO 21

2
A INDÚSTRIA DA FELICIDADE 35

3
A INTERNET E OS ARQUÉTIPOS DE FELICIDADE 47

4
A RELIGIÃO E OS IMPACTOS NA NOSSA SUBJETIVIDADE 61

5
A TRISTEZA COMO PODER DE CRIAÇÃO 71

6
A DEPRESSÃO E AS EXPECTATIVAS 81

7
A SOCIEDADE DA IMEDIATIDÃO E OS SETE PASSOS PARA A FELICIDADE 91

8
A FELICIDADE EM FUNÇÃO DO CONSUMO 101

9
A DITADURA DA BELEZA E A ASSIMETRIA DO JULGAMENTO MORAL 113

10
SEJA FELIZ! SE PUDER! 121

1

A FELICIDADE E O CÉREBRO

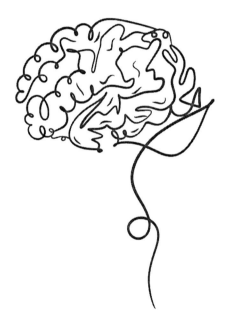

Estimados leitores, sem dúvidas será um diálogo muito atraente, afinal, enquanto neurocientista, falar de felicidade sobre as lentes da Biologia é algo fascinante e creio ser ainda mais quando associada aos ensinamentos da Filosofia. Curiosamente, esse estado de satisfação foi interesse de estudo de importantes pensadores, seja por meio de Aristóteles[2], um dos mais notáveis filósofo da Metafísica, ou pelas reflexões do filósofo alemão do século XIX, Friedrich Nietzsche[3], cada pensador tem uma reflexão e contribuição a ser feita sobre o tema. No momento em que escrevo este livro, ao colocar no site de busca da Google a palavra "felicidade", aproximadamente 148.000.000 resultados (0,38 segundos) foram apresentados na tela do meu computador. Entre as sugestões de temas, encontro *"o que nos traz felicidade?"*, *"o que é a felicidade afinal?"*, *"qual é a felicidade da vida"* e *"o que é o conceito de felicidade?"*. Parece que a "procura pela felicidade" é algo que tem movimentado muitas pessoas, não é mesmo? Em conclusão, quem não quer ser feliz? Porém, antes de percorrer o que dizem os pensadores, o papel do capitalismo, a influência das redes sociais, as crenças e como nosso biológico é afetado, presumo ser importante resgatar o que é a felicidade do ponto de vista cerebral, afinal, só podemos experimentar tal sensação por possuirmos um órgão vital denominado cérebro, que processa todas essas informações e, consequentemente, nos faz experienciar essa percepção.

Toda vez que pensamos em vida, atribuímos quase que espontaneamente a palavra "movimento" para poder classificá-la, não é verdade? Quer seja por uma bactéria microscópica ou mesmo por uma gigantesca baleia azul, a vida e o movimento parecem partilhar mais coisas em comum do que possamos imaginar. Na natureza, um "girassol" movimenta-se orquestralmente em direção à luz solar, uma árvore, como uma dança coreografada, emite suas raízes cada vez mais distantes, permitindo-a crescer e dar belos frutos. No planeta Terra, um movimento de

---

[2] Importante filósofo (384 a.C.-322 a.C.) grego do período clássico na Grécia Antiga.
[3] Filósofo, crítico cultura e poeta, escreveu diversas reflexões sobre religião, cultura, contemporaneidade, filosofia e ciências.

rotação permite que possamos regular nosso ritmo circadiano, vital para nossa sobrevivência. No universo, a expansão métrica do espaço-tempo é objeto de estudo de múltiplos cientistas, o que fundamenta parte da teoria do big-bang[4]. Não obstante, se trouxermos tais conceitos para o organismo humano, vamos perceber que o movimento está presente em quase tudo, seja por meio do reflexo pupilar de midríase[5] e miose[6], seja pela sístole (contração) e diástole (relaxamento) do miocárdio e dos pulmões, ou mesmo por meio de um intestino que peristalta[7]. Parece que tudo no nosso corpo está em constante movimento. Porém, contrapondo esses conceitos, se abrirmos a nossa calota craniana, encontraremos um órgão tímido, praticamente imóvel, sem ruídos, sem movimentos, sem qualquer contração ou dilatação, o qual denominamos de cérebro.

Pesando em torno de 1.3 kg a 1.5 kg, o cérebro faz com que possamos experimentar fundamentalmente tudo o que o nosso corpo sente. Se neste momento nos encontramos saciados ou com fome, se sentimos calor ou frio, se sentimos medo, raiva, cansaço, prazer, entre outras sensações, isso só é possível porque nosso cérebro está processando essas informações. Composto de aproximadamente 86 bilhões de neurônios[8] partilhando informações entre si por meio das sinapses[9], o cérebro é responsável por fazer com que tenhamos a vivência daquilo que definimos — ou nos foi definido — como felicidade.

---

[4] Importante teoria cosmológica que fundamenta a origem do universo.
[5] Aumento do diâmetro pupilar.
[6] Diminuição do diâmetro pupilar.
[7] Movimento que ocorre nas musculaturas lisas (intestino, esôfago e estômago). É devido a esses movimentos que o alimento chega até o estômago e pode ser excretado.
[8] Células responsáveis pela transmissão de impulsos nervosos.
[9] Conexão entre células nervosas.

Figura 1 O cérebro humano, pesando de 1,3 kg a 1,5 kg, contém cerca de 86 bilhões de neurônios

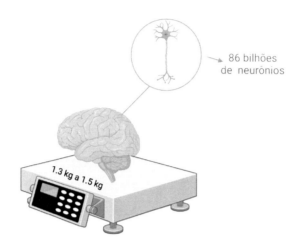

Agentes químicos denominados neurotransmissores são liberados, por meio das sinapses, constantemente no nosso cérebro. A dopamina, um desses agentes, é o principal neurotransmissor envolvido nas nossas sensações de prazer; a serotonina é um importante neurotransmissor envolvido na regulação do humor; a noradrenalina nos sinaliza questões voltadas para o alarme, atenção, perigo etc. O neurotransmissor acetilcolina é liberado nas placas motoras terminais das junções musculares promovendo uma resposta muscular e execução de um determinado comportamento. No que se refere à excitação e à inibição das células nervosas, temos também os neurotransmissores glutamato e gaba, respectivamente. Claro que possuímos diversos mensageiros químicos, porém, acredito que os mencionados sejam os mais citados no nosso dia a dia (Figura 1).

Como dito anteriormente, a serotonina é um mensageiro químico importante na regulação do humor, quando reduzida, pacientes relatam clinicamente o aparecimento dos sintomas de depressão, ou seja, característica aparentemente contrária à sensação do que denominamos felicidade. Se fosse preciso definir felicidade neste momento, diria que é um estado que queremos que não se finde, um momento que gostaríamos de eternizar, não é verdade? Mas a pergunta que precisamos fazer é mais simples: afinal, como nosso cérebro produz a felicidade?

Figura 2 – Neurônio pré-sináptico enviando seu neurotransmissor para o neurônio pós-sináptico (à esquerda, alguns dos neurotransmissores e suas moléculas e respectivas funções em forma de desenho)

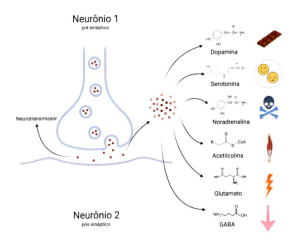

A felicidade pela lente da Biologia talvez seja um pouco mais fácil[10] de definir do que no campo existencial e filosófico. A partir das ciências biológicas, sabemos que pelo menos quatro substâncias químicas estão presentes quando experimentamos essa sensação: a serotonina, a dopamina, a ocitocina e a endorfina. A serotonina, como já referida, sempre que regulada no cérebro, produz uma grande sensação de bem-estar, enquanto para que seja produzida a vontade de repetir um determinado comportamento, necessariamente precisamos da liberação de dopamina, um neurotransmissor secretado em grande concentração pelos nossos circuitos de recompensa[11] do cérebro. Dando um exemplo prático, a cocaína

---

[10] Talvez por ser mais concreto, mensurável?
[11] Área tegmentar ventral (ATV) e núcleo *accumbens*.

atua aumentando os efeitos[12] da dopamina no nosso cérebro, dessa forma, produzindo uma sensação de prazer imensa e, consequentemente, uma vontade constante de fazer uso da droga. Importante dizer que no momento o que está em questão não são os malefícios da droga, apenas o que ela produz no nosso organismo.

A ocitocina é um hormônio importante para estabelecer a sensação de confiança, dessa forma, auxiliando no estabelecimento dos laços[13]. Alguns neurocientistas arriscam dizer, inclusive, que a ocitocina seria o hormônio da fidelidade, quando fazemos o nosso parceiro ou parceira chegar ao orgasmo, uma grande concentração de ocitocina é secretada pela neuro-hipófise[14] (Figura 2), criando, assim, uma vontade de repetir tal comportamento com a pessoa que houvera proporcionado aquela sensação prazerosa.

Figura 2 – Representação da região cerebral envolvida na secreção da ocitocina

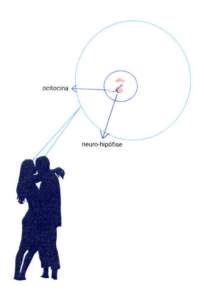

---

[12] A cocaína inibe a recaptação de dopamina.
[13] A palavra é exatamente esta, "laços" e não "nós".
[14] Uma das glândulas secretoras do nosso cérebro.

Como vimos até o momento, classificar a felicidade pela lente da Biologia parece ser "um pouco mais simples"[15], afinal, em meio a todos os recursos tecnológicos que hoje possuímos, torna-se menos difícil mensurar a química envolvida durante a experimentação da felicidade e as respectivas estruturas cerebrais que são recrutadas no nosso cérebro.

Em uma conversa que tive com o professor Mario Sérgio Cortella[16], o filósofo questionou-me sobre a utilização do pronome possessivo "nosso" toda vez que argumentava utilizando sentenças como: "O nosso cérebro tem dificuldade e o nosso cérebro se adapta". Para o professor, como bom filósofo que é, tal pensamento provoca a sensação de que o cérebro parece ser uma entidade à parte. No momento do nosso diálogo, confesso que fiquei bastante reflexivo, afinal, cheguei a pensar que se é "meu cérebro" também sou eu, correto? Porém, depois de várias reflexões, percebo que o fato de o cérebro "ser meu", não quer dizer que eu, professor Leandro, tenha controle sobre ele, ou mesmo que ele, o cérebro, não possa produzir desejos, vontades, emoções independentes do meu querer consciente, sendo assim, sinto-me mais confortável em continuar tratando-o como algo extrínseco, que foge ao meu controle na maioria das vezes e que, com muito esforço, quando o conhecemos, nos tornamos capazes de criar estratégias para que venhamos a alcançar, mesmo que de forma repentina, essa "tal felicidade".

Como o assunto desta obra é a ditadura de um "ideal de felicidade", creio ser legítimo fazer algumas ponderações antes mesmo que você, caro(a) leitor(a), possa dar continuidade aos próximos capítulos. Se nessa obra você busca "receitas mágicas", assim como busca aquela receita deliciosa de um bolo de cenoura para fazer no domingo à tarde para a família, ou se procura protocolos — sete passos para a felicidade — para uma vida intermitentemente feliz, sugiro que não dê continuidade a esta leitura, sem

---

[15] A utilização do termo "um pouco mais simples" é proposital. Afinal, tratando de cérebro, nunca é tão simples, embora, nesse contexto, seja menos abstrato.

[16] Importante filósofo, escritor e educador brasileiro.

dúvidas diversos outros livros deixarão você mais satisfeito(a). Agora se você, assim como eu, acredita que felicidade não pode ser encontrada em "receitas prontas", que a diversidade biológica e toda a beleza da subjetividade construída por meio das interações precisa ser levada em consideração, provavelmente esta leitura lhe fará muito bem e, possivelmente, proporcionará ao seu cérebro alguns momentos felizes.

Agora que já estamos de certa forma acordados(as), a pergunta é: afinal, do ponto de vista cerebral, é possível perceber a felicidade? Como mencionado, embora célere, esses momentos tão satisfatórios recrutam, sim, estruturas anatômicas envolvidas diretamente nessa experiência, por exemplo, a amígdala[17] e a região pré-frontal esquerdas, regiões envolvidas nas expectativas positivas, o núcleo *accumbens*, conhecido como sistema de recompensa do nosso cérebro. Enquanto algumas estruturas se ativam, outras ficam inibidas, como no caso do córtex cingulado anterior (veja a Figura 3), essa região está envolvida no reconhecimento emocional da dor e na antecipação dos conflitos. Como se pode perceber, não existe felicidade sem cérebro, porém, se há felicidade, também há tristezas, e qual é o grande problema? A indústria da felicidade!

A "indústria da felicidade" é um termo que evoca imagens de autoajuda comercial e estratégias de marketing direcionadas. Talvez seja um dos conteúdos mais discutidos nos últimos anos. Entretanto, antes de adentrarmos nas tristes promessas e produtos que asseguram a felicidade eterna, é essencial compreendermos a dualidade intrínseca a esse estado. A felicidade, muitas vezes pintada em tons vibrantes, pouco nítida, mas saturada de contentamento constante, coexiste paradoxalmente com sua antítese — a tristeza —, um fantasma necessário, que produz medo, até nos acovarda, mas que dá forma e profundidade à experiência humana. Lembre-se, ausência de medo não é coragem, pelo contrário, um cérebro que não teme é inconsequente. Sigmund Freud, importante nome para a neurologia e pai da teoria psicanalítica,

---

[17] Amígdala são duas estruturas presentes no nosso cérebro. Na garganta, as estruturas que também são conhecidas como amígdala são chamadas de tonsilas.

que discutiremos mais adiante, em sua obra *Além do Princípio do Prazer*, publicada a primeira versão em 1920, sugere que a busca incessante pelo prazer e a aversão ao desprazer não são os únicos mecanismos que regem o nosso comportamento. A pergunta é: poderíamos, quem sabe, aplicar esse princípio à nossa busca pela felicidade? Será que, em nossa tentativa de evadir a dor e o desconforto, negligenciamos a compreensão de que esses estados podem coexistir e, por que não, enriquecer parte da colcha de retalhos de nossa experiência emocional?

Confesso que sinto um certo receio em relação ao termo "autoajuda" — ou deveria dizer preconceito? — afinal, esse termo parece anular qualquer possibilidade de admitir os desconfortos da existência. Recentemente, em sala de aula, durante um curso que ministrava sobre emoções, um aluno, muito questionador, ergueu as mãos e me perguntou: "Professor, mas afinal, se existem remédios para que possamos ficar felizes, se existem pílulas que me permitem eliminar qualquer desconforto, se posso dormir e acordar sorridente, se posso fazer com que as dores da existência sejam, quando muito, apenas coadjuvantes na minha vida, por que não tomar essas pílulas e prosseguir vivendo apenas por meio dos prazeres?".

Naquele momento, confesso que pensei bastante e, por uma questão de precisos minutos, ainda encarcerado no meu silêncio, cheguei a concordar. Claro, enquanto cientista, compreendo as etapas que são necessárias para que uma medicação seja disponibilizada no mercado, não me parecia ruim a possibilidade de desejar uma vida sem aflições, entretanto, como diria o filósofo existencialista Jean-Paul Sartre "*a existência precede a essência*", ou seja, primeiro vem a vida que eu tenho, depois a vida que idealizo, a vida que desejo, e essa, independentemente das minhas vontades, são cheias de dores. Logo, naquela sala de aula, a ciência sozinha, em conversa com um jovem aluno, não me bastava para concordar com uma vida sem conflitos, os desconfortos da dúvida e a filosofia já caminhavam comigo, então respondi a ele: "Caro João[18], olhe à

---

[18] Nome fictício do aluno, apenas para fins de compreensão pedagógica.

sua volta, você está sentado em uma cadeira acolchoada, em uma sala climatizada, à sua frente várias imagens de células, cérebros e outras partes de tudo aquilo que compõe o nosso corpo — descobertas por tecnologias microscópicas — estão sendo projetadas em uma parede que, por sinal, foi construída com ferramentas de trabalho, tijolos, cimento, massa e tinta. Para a tal projeção estamos utilizando um computador e um aparelho projetor ligados a uma energia elétrica! Você, enquanto pensa comigo e me acompanha com seu olhar, utiliza lentes com correção visual e as ajusta sobre seu rosto, correto?".

João parecia confuso, pernas inquietas, passava suas mãos firmemente sobre seu cabelo, já não aguentando mais, falou: "Certo, professor, e aí? O que tem a ver a felicidade, as pílulas, meu desejo de ser sorridente e seus exemplos sobre paredes, lentes, tijolos, cadeira, ambiente climatizado e tudo mais? Confesso que não estou entendendo!".

Então, continuei falando: "Em qual lugar na natureza existem lentes para melhorar nossa acuidade visual, João? Onde a natureza nos disponibiliza projetores, computadores, ar-condicionado, cadeiras confortáveis e luzes artificiais em meio à escuridão?".

Disse João: "Em lugar nenhum, professor!".

Prossegui: "Então, sabe por que você, nobre João, está utilizando seus óculos? Porque em algum momento alguém sentiu o desconforto e os desprazeres da dificuldade de não enxergar. Temos luzes artificiais porque em um certo instante alguém se sentiu desconfortável durante a escuridão, temos o ar-condicionado porque alguém ficou incomodado em um ambiente com um ar incompatível com a qualidade de vida da nossa espécie. Ou seja, se a natureza nos oferecesse 'pílulas da felicidade' antes mesmo de conhecermos nossos desconfortos, provavelmente já teríamos entrado em extinção, caro João, afinal, alguém desconfortável descobriu o fogo, um marco crucial na evolução humana! Foi por meio do controle do fogo que nossos ancestrais puderam cozinhar alimentos, facilitando a digestão e a absorção de nutrientes essenciais, o que contribuiu para o desenvolvimento do nosso cérebro e, claro, das nossas habilidades cognitivas. Importante lembrá-lo que cozinhar também reduziu a exposição a patógenos presentes nos alimentos crus, melhorando a saúde e a longevidade. Portanto, cuidado, atritos ocorrerão com uma certa frequência e, se sempre que existirem corrermos desesperadamente para as prateleiras de autoajuda, muito em breve não suportaremos mais o que faz parte da nossa condição humana, a vida e seus atritos!".

Ao refletirmos sobre tal condição, é imperativo que consideremos a influência de fatores externos sobre a percepção da felicidade. O capitalismo, também muito discutido nesta obra, por exemplo, molda não apenas as economias, mas também os arquétipos do que é ser feliz, vendendo-a, assim, na vitrine, como vendem um smartphone, nos entregam a felicidade como um bem de consumo — algo a ser alcançado, possuído e, inevitavelmente, consumido. Contudo, se nos desviarmos do caminho "bem trilhado" da distração produzida pela cultura de consumo, talvez possamos encontrar rastros de uma felicidade mais autêntica nas trilhas menos percorridas do nosso cérebro. A introspecção, a aceitação da impermanência, princípio budista, e a valorização de experiências sobre posses são conceitos que frequentemente escapam ao glossário do mercado da felicidade. Essa desconstrução do que é comercializado como felicidade é crucial para que possamos compreender e aceitar a complexidade de nossas vivências emocionais, libertando-nos da tirania de um ideal inatingível.

Portanto, aqui, exploraremos o cérebro e sua capacidade de gerar o que percebemos como felicidade, não devemos nos esquecer de considerar as estruturas que permanecem inativas ou as emoções que são suprimidas em favor de um ideal. É nesse contexto que, no próximo capítulo, iremos mergulhar nas águas por vezes turbulentas, mas constantemente perversas, da "indústria da felicidade" e desvendar como, paradoxalmente, a busca incessante pela felicidade pode nos levar a um estado de insatisfação crônica.

Figura 3 – Plano anatômico sagital evidenciando as estruturas que compõem parte do sistema límbico

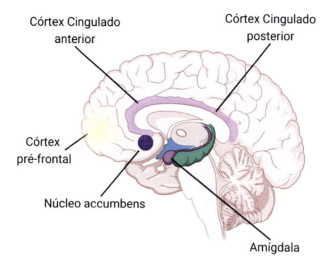

2

A INDÚSTRIA DA FELICIDADE

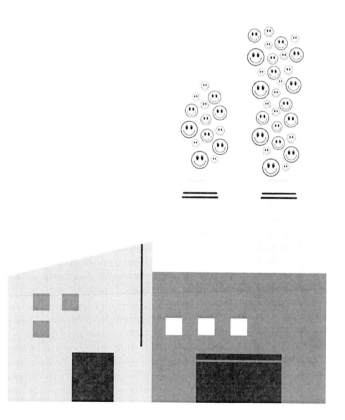

No ano de 1977, a importante escritora Clarice Lispector[19], em sua obra *A hora da estrela*[20], contou a história de Macabéa, uma jovem imigrante de 19 anos que, após o falecimento de sua tia, decide sair de uma pequena cidade pacata no Nordeste e ir em direção ao Rio de Janeiro. Porém, no transcorrer da história, Macabéa passa a experimentar sentimentos de tristeza e, constantemente, solicita a Glória, uma colega de trabalho, algumas aspirinas. Glória, curiosa, pergunta a Macabéa o porquê de a personagem pedir tanta medicação, ela responde: *"eu me doo o tempo todo"*[21]; Glória pergunta onde dói, ela responde: *"dentro, não sei explicar"*. Esse pequeno trecho, de um livro datado de 1977 tem muita coisa em comum com os dias atuais, afinal, quantas vezes não queremos, assim como Macabéa, sanar as nossas dores como em um "passe de mágicas"? Quantas vezes não fomos em busca de uma pílula para remediar nossas tristezas? Mas, então, o que está envolvido por trás disso tudo? Qual seria o problema em medicamentar nossos desprazeres, como perguntou o jovem João? Por que não posso consentir os dessabores da vida?

Quando criança, lia muitas histórias infantis e ficava contestável com suas decorrências, em conclusão, todos "viviam felizes para sempre", e eu não! Empresas prometiam e vendiam um "lanche feliz" e eu, desde pequeno, com a singeleza de uma criança, pensava: será que vou ter que passar o dia inteiro comendo o "lanche feliz" para ficar igual aos personagens da Disney? Nas rádios a música do momento era *"viver e não ter a vergonha de ser feliz"*[22], do grande Gonzaguinha. Já na televisão, passava um programa que talvez fosse a resposta para as tristezas que por vezes emergiam, o "Baú da Felicidade", mas onde encontrar esse "baú", seria aquele presente no final do arco-íris? E o que será que teria dentro dele, um "lanche feliz"? Nos anos 90 podíamos escolher entre assistir ao "Baú da Felicidade" ou trocar o canal para a concorrência e assistir a uma telenovela cujo nome era "Felicidade[23]".

---

[19] Uma das escritoras brasileiras mais importantes do século XX, nasceu em 1920 e faleceu em 1977.
[20] LISPECTOR, C. *A hora da estrela*. Rio de Janeiro: Rocco, 1998.
[21] Trecho do livro *A hora da estrela*.
[22] Música "O que é o que é", do LP *Caminhos do coração*, do cantor e compositor Gonzaguinha.
[23] Telenovela brasileira produzida e exibida pela Rede Globo de Televisão.

Agora, chegando aos anos 2000, o filme do momento é À *procura da felicidade*[24] e a maior empresa de refrigerantes do mundo lança sua campanha "Abra a felicidade", até hoje fico pensando onde eu estaria se tivesse me mantido apenas de "lanches felizes" e refrigerantes "abra a felicidade", talvez na felicidade eterna, como proclamam os cristãos!

Como se pode ver, nesse breve relato, a felicidade parece estar em tudo, nas histórias infantis, nos programas televisáveis ou mesmo em um lanche e refrigerante cheios de substâncias cancerígenas. Contrapondo nossas felicidades, caminhamos para o ano de 2017, quando surgiu uma pesquisa da Organização Mundial de Saúde (OMS)[25] evidenciando que o Brasil é o país mais ansioso do mundo, com 9,3% da população sofrendo desse transtorno, e o segundo mais depressivo do mundo, 5,8% da população, ficando atrás apenas dos Estados Unidos, país do "lanche feliz" e do refrigerante que "abre a felicidade".

A grande pergunta é: por que em meio a "lanches felizes", programas felizes, músicas felizes e refrigerantes felizes, permanecemos tão tristes? Será que o filósofo Schopenhauer, ao dizer na sua obra *O mundo como vontade e como representação*[26] que "a felicidade não passa de um sonho e a dor é real [...]"[27], estaria dizendo que a felicidade constante seria uma utopia? Ou será que a felicidade é apenas a possibilidade de haver tudo aquilo que desejamos? Mas se desejamos na falta, como fundamenta a teoria psicanalítica freudiana do século XX, se no momento em que possuímos tal objeto de desejo deixamos de desejar, então nunca atingiríamos a felicidade? Em essência, como diria o psicanalista francês Jacques Lacan[28], somos seres faltantes.

---

[24] Filme americano lançado pela Columbia Pictures no ano de 2006.
[25] WORLD HEALTH ORGANIZATION. *Depression and other common mental disorders*: global health estimates. Geneva: WHO, 2017. Disponível em: http://apps.who.int/iris/bitstream/10665/254610/1/WHO-MSD-MER-2017.2-eng.pdf. Acesso em: 12 jul. 2024.
[26] Obra de Shopenhauer composta de quatro livros, publicada no ano de 1819.
[27] SHOPENHAUER, A. *O mundo como vontade e como representação*. Trad., apres., notas e índices de Jair Barboza. São Paulo: Unesp, 2005.
[28] Psicanalista francês, nasceu em 1901 e faleceu em 1981.

É interessante como esses arquétipos de felicidade ganharam mais forças no final do século XX e início do século XXI. Não tenho dúvidas de que qualquer pessoa acima dos 50 anos contenha alguma lembrança de fotografia dos avós sorrindo, a lembrança é sempre uma tradicional foto em preto e branco, meio amarelada pelo tempo, de pessoas aparentemente sérias, sem qualquer expressão de felicidade, porém, não necessariamente tristes. A verdade é que nesse período não se sorria por qualquer motivo, inclusive, embora extremo, acreditava-se que o riso a todo momento era coisa de pessoas tolas. E o que mudou desses tempos para a atualidade? Os excessos! Hoje a felicidade está na moda, a mídia exige lentes de contato nos dentes, sorrisos intermitentes e rostos harmonizados, essas são as novas exigências dos recursos humanos.

Recordo-me bem quando fui à minha primeira entrevista de emprego, na ocasião, era em um hospital, em Brasília, Distrito Federal. Ao chegar à instituição, duas profissionais da área da saúde, preparadas para atribuir um escore[29] à minha personalidade, me questionaram: "Tem experiência na área?". Jovem e ainda inexperiente, respondi: "Não!". A segunda pergunta foi mais hermética: "Você se considera uma pessoa feliz?". Que pergunta difícil, a minha vontade naquele momento era resgatar tudo que houvera lido sobre Nietzsche[30], Shopenhauer[31], Benedictus de Espinoza[32] (Figura 4) e vários outros grandes pensadores e colocar à mesa, talvez a minha primeira resposta fosse: "Vocês têm um tempinho?".

---
[29] Uma métrica de transformação linear que expressa, em unidades de desvio padrão, tanto a direção quanto a intensidade com que um resultado bruto se desvia da média da distribuição correspondente utilizada nas avaliações neuropsicológicas.
[30] Importante filósofo alemão, nasceu em 1844 e faleceu em 1900.
[31] Foi um importante filósofo alemão do século XIX.
[32] Foi uns dois mais importantes filósofos racionalistas do século XVII.

Figura 4 – Da esquerda para direita, Friedrich Nietzsche e Benedictus de Espinoza

Preocupado em conseguir o emprego, saindo da fase da adolescência — estado cheio de conflitos hormonais e existenciais —, múltiplas adversidades em relação a qual profissão seguir, respondi para as avaliadoras: "Sim, sou extremamente feliz!". Como se felicidade fosse uma constante e não um estado, precisei falar aquilo que o mercado idealiza, pessoas felizes, de preferência que estejam na fase da mania[33], assim produzem, como máquinas incansáveis, mas adoecidas e anestesiadas. São esses excessos que as organizações têm em vista, embora a felicidade não seja o exagero, pois o alimento que faz feliz ao saciar sua fome, também entristece quando deglutido excessivamente. Porém, ainda na entrevista, sabia que com aquela resposta bem-aventurada, mesmo que tenso, suando frio e preocupado, conquistaria a vaga, afinal, ser feliz estava (ou está?) na moda! A vaga foi minha, aprovado por ser feliz!

Enfim, chegamos ao ano de 2021, os problemas agora são outros, mas a veemência sobre como ser feliz persiste fortemente, agora de maneira facilitada, as encontramos nas prateleiras. De

---

[33] A mania é uma fase do transtorno bipolar caracterizada por elevação extrema do humor, energia e atividade, frequentemente acompanhada de euforia, grandiosidade e comportamentos de risco. Esse estado psíquico também pode incluir agitação, impulsividade e diminuição da necessidade de sono, logo, maior produtividade.

acordo com o Conselho Federal de Farmácias[34], houve um aumento de 17% no consumo de uma medicação denominada Fluoxetina, conhecida como "a pílula da felicidade", responsável por aumentar os níveis de serotonina no cérebro. Em concordância com a pesquisa, o Brasil consumiu quase 100 milhões de caixas de medicamentos controlados no último ano. Parece que os antidepressivos e estabilizadores de humor são as novas tendências para o verão. Assim como Macabéa, em *A hora da estrela*, buscava remediar suas dores, quase 50 anos depois, nada mudou. Na verdade, tornou-se até um certo charme tirar uma cartela de Fluoxetina ou Rivotril da bolsa e tomar toda vez que uma situação desprazerosa começa a emergir, afinal, anestesiar as dores é uma das funções da ditadura da felicidade.

Peço licença a você, caro(a) leitor(a), para introduzir uma palavra que já encontrei na língua espanhola, porém não se aplica ao português, que é a "farmacolatria"[35]. Sempre digo em palestras, cursos e aulas que não sou contra as medicações, não tenho uma "farmacofobia", mas não posso admitir que tudo e todos precisam ser medicamentados a qualquer custo e a qualquer hora. Entretanto, em meio a uma sociedade de imediatidões, é sempre mais "prático" tomar a "pílula mágica" do que admitir nossas dores, falaremos melhor sobre o papel das medicações em um capítulo mais adiante.

Figura 5 – A medicalização da felicidade

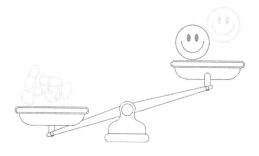

---

[34] Pesquisa publicada pela CNN Brasil. Disponível em: https://www.cnnbrasil.com.br/saude/2021/02/23/venda-de-antidepressivos-cresce-17-durante-pandemia-no-brasil.
[35] Neologismo utilizado para referenciar pessoas dependentes de fármacos.

Recentemente estava acessando a internet e vi uma profissão denominada *"personal shopper"*, basicamente se trata, de forma bem resumida, simplória, de um profissional que nos acompanha até o shopping para nos instruir sobre o que devemos vestir, ou mesmo, caso queiramos presentear um(a) amigo(a), ele(a) pode auxiliar-nos nas escolhas. Neste momento, penso como esse rapaz ou essa moça conhece meus desejos melhor do que eu. Ou melhor, conhece os desejos do meu amigo, o qual presentearei, melhor do que eu posso acreditar conhecer. É exatamente isso que as indústrias da felicidade produzem, um desejo que não é nosso, para suprir a vontade de quem não conhecemos, a troco de uma falsa sensação de realização e pertencimento. Esse exemplo se aplica para diversas questões, seja para produzir o desejo da roupa, que não vale o valor que estão nos ofertando, o desejo do prato de comida que agora é *"gourmet"*[36] e, até mesmo, o arquétipo da maneira correta de como se amar.

Este é o século XXI, a era da modernidade, onde relações são rejeitáveis por não corresponderem ao ideal de felicidade do desconhecido. O momento agora é de "imediatidões", respostas rápidas e certezas frágeis. Vivemos a falência da linguagem e assistimos de camarote aos *"emoticons"*[37] (Figura 6) retornarem à nova/velha forma de comunicação. Na internet, fotos felizes nas redes sociais, porque nos falta felicidade; imagens em meio a multidões, porque nos carece a timidez e o silêncio que compõe uma amizade verdadeira. Vivemos o século da "fila anda", das relações descartáveis, como proposto por Zygmunt Bauman[38]. A verdade é que nunca vi uma sociedade tão bonita e tão vazia. Transborda vaidade e carece sabedoria, tão cheios por fora, cabelos impecáveis, roupas caras, corpos malhados e automutilados. Presente de 18 anos agora é cirurgia plástica, o suplício da carne em prol do reconhecimento e aceitação do outro, só assim para nos sentirmos "felizes", triste sociedade do espetáculo, aonde os filtros das redes precisam aparecer nas carnes machucadas.

---

[36] Termo utilizado para pessoas que apreciam bons alimentos. Mas o desejo é padrão? Confuso!
[37] Termo originário do inglês *"emotion"* (emoção) e *"icon"* (ícone).
[38] Importante filósofo e sociólogo polonês, nasceu em 1925 e faleceu em 2017.

Figura 6 – Emoticons, uma nova maneira de se expressar. Em resumo: *não entendeu? Quer que eu desenhe?*

O século XXI é marcado por promessas de gratificação instantânea, a imagem que compete com as grandes marcas é a da felicidade, um destino a ser atingido, um produto acabado, a satisfação plena das realizações pessoais. A busca por essa felicidade fabricada nos lança em um vórtice de uma procura animalesca pelo consumo, a satisfação é medida pela quantidade de *"likes"*[39] e a profundidade de nossas relações é avaliada e legitimada pela superficialidade de nossas interações virtuais. A indagação imperativa sobre estarmos realmente compreendendo a felicidade ou somente consumindo a ideia de felicidade que nos é vendida continua sem respostas. A felicidade como um artefato, um acessório que se adquire na prateleira das conveniências modernas é uma estratégia forte e perversa do marketing.

Nesse ponto, convém lembrar as palavras do poeta, filósofo e dramaturgo português Fernando Pessoa, por meio de um de seus heterônimos, Ricardo Reis: *"Para ser grande, sê inteiro:*

---

[39] O *like* nas redes sociais é uma forma de interação digital que permite aos usuários expressarem aprovação, apoio ou reconhecimento a uma postagem, comentário ou conteúdo.

nada/Teu exagera ou exclui. Sê todo em cada coisa. Põe quanto és/No mínimo que fazes". Essa ideia remete à integridade e à completude, uma forma eficaz de resistir à fragmentação da nossa existência imposta pelo sistema. Por vezes me pergunto: será que chegará o dia em que seremos capazes de romper com as grades das distrações das indústrias de consumos e questionaremos, agora mais conscientes, o valor que dispomos a pagar pela "felicidade" que nos é sobreposta? É preciso discernir entre o que é autêntico e o que é artifício, entre a felicidade que é verdadeiramente vivida e a que é postada, felicidade sentida e exibida, satisfação íntima e performada, entre o sossego da tranquilidade tímida e a carência de uma solidão anunciada. A felicidade do momento precisa chamar atenção, para facilitar sua comercialização, ela aparece radiante, mas ruidosa, sedutora e ensurdecedora, pronta para desviar nossa consciência, facilitando a distração que nos impede de confrontar o vazio interior discutido por diversos filósofos e psicanalistas. O filósofo francês do século XVII, Blaise Pascal, alertava para o perigo de sermos direcionados para entretenimentos frívolos e superficiais, que apenas dissimulam a angústia existencial. Então, parece que estamos navegando em um mar tempestuoso: de um lado temos ondas do hedonismo moderno sobre a promessa da felicidade inacabável, imediata, sem esforços, acessível em quaisquer vitrines de qualquer shopping ou de um supermercado próximo de casa, do outro lado temos o farol dos estoicos, que guia a focar no que realmente está sob nosso domínio, sobre o difícil consentimento das adversidades como parte da nossa travessia. Certo! E qual é a pergunta? Seguimos, como podemos, cultivar uma felicidade que não dependa das prateleiras e dos mercadores de ilusões?

Percebo em meio às análises que tenho feito que esse "modelo de ser feliz" segue ganhando forças com o avanço das tecnologias e, principalmente, com as redes sociais. O problema é que depositamos a ideia de felicidade, que outrora era simples, em um modelo de filme hollywoodiano[40], as exigências para ser feliz aumentaram, a

---
[40] Filmes que são produzidos em Hollywood.

felicidade parece ter se tornado um artefato cultural, perdendo sua essência ao ser condicionada à validação do outro. Parece que algo mudou, não muito, mas na contemporaneidade não é suficiente ser feliz sozinho; agora, parece imperativo convencer o mundo de nossa felicidade e nosso cérebro acaba sendo impactado por tais modelos, logo, não reconhecemos mais a felicidade tímida, sem luzes ofuscantes, precisamos postá-la e aguardar que o desconhecido[41] a curta e a legitime, e este é o papel das redes sociais: validar suas particularidades por meio de grupos que transbordam o vazio. Debateremos isso no próximo capítulo!

---

[41] Os milhares de "amigos" nas redes sociais.

3

A INTERNET E OS ARQUÉTIPOS DE FELICIDADE

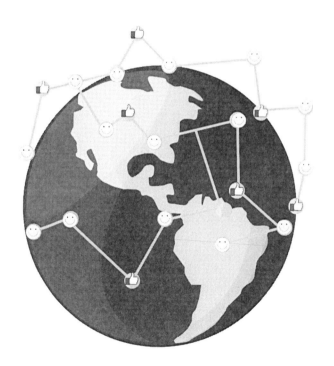

A tecnologia da internet não é algo tão distante aqui no Brasil, para ser mais exato, entre os anos de 1995 e 1996, os mercados de provedores começaram a ofertar tal serviço de maneira mais abrangente, na época, com uma velocidade muito inferior à que conhecemos hoje, porém, a internet já possibilitava fazer buscas, responder e enviar e-mails, entre diversas outras funções. Vale lembrar que, ansiosos e acelerados como estamos hoje, possivelmente não conseguiríamos utilizar seus recursos se fossem como no passado. Com o passar dos anos e com os avanços tecnológicos, a implementação do uso de fibra óptica para a condução do sinal de rede possibilitou o aumento de velocidade, tanto nossa quanto a de navegação, e, consequentemente, a utilização dos serviços de *streamings*[42], postagem de fotos, apresentação de vídeos ao vivo (*lives*) e, claro, um excesso de exposição pública. Hoje, graças aos avanços, temos internet ultra-acelerada e, curiosamente, pessoas também! As atualizações dos aplicativos são para proporcionar a rapidez de áudios e vídeos, como se estivéssemos em uma constante corrida! Entenda, só existem atualizações que apressam porque existem pessoas que estão cada vez mais apressadas!

Seguimos, no ano de 2004, surgiu o Orkut, uma rede social filiada à Google, que alcançou uma projeção mundial. Para se ter uma noção, apenas no Brasil, foram cerca de 30 milhões de usuários, naquela época, "conectados" à rede. Daí para a frente, a internet não parou mais, redes sociais desapareciam e emergiam a todo tempo. Hoje, ano 2024, os smartphones se tornaram membros da família, tomam café da manhã, almoçam e jantam à mesa como todos os familiares, à noite, deitam-se na cama e recebem ainda mais carinho, mãos passeiam sobre o aparelho com mais frequência do que deslizam sobre pessoas com as quais partilhamos nossa vida. Antes de dormir, nos debruçamos ao lado das máquinas e desejamos, com troca de olhares, uma noite de sossego!

---

[42] *Streaming* é a tecnologia que permite a transmissão contínua de áudio e vídeo pela internet, sem a necessidade de download completo dos arquivos.

De acordo com o relatório anual da APP ANNIE[43], no ano de 2020, nós brasileiros passamos cerca de cinco horas do dia utilizando nossos aparelhos celulares. Se fizermos um cálculo simples, quer dizer que, em um ano de 365 dias, 1.825 horas foram gastas em frente às telas, o que é equivalente a um total de 76 dias do ano somente em frente ao celular. Tornando os dados mais alarmantes, em uma vida de 76 anos, o que corresponde à expectativa de vida da população brasileira, aproximadamente 15,8 anos são passados prostrados sobre os smartphones (Figura 7), ou seja, 16 anos acorrentados ao que hoje chamamos de "a nova caverna de Platão"[44].

Figura 7 – Horas gastas no celular por ano (azul); dias no ano em frente ao celular (verde); e anos em frente ao celular durante a vida (vermelho)

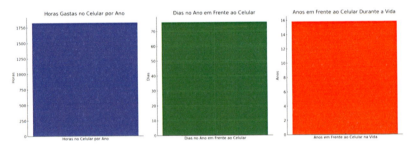

Figura 8 – Da caverna e Platão à nova caverna da pós-modernidade

---

[43] Empresa que ajuda desenvolvedores a acompanhar o desempenho de seus aplicativos.
[44] Importantes filósofo do período clássico da Grécia Antiga.

Na clássica obra *A República*[45], no livro VII de Platão, o autor discute o "Mito da caverna", fundamentalmente o filósofo relata a história de pessoas acorrentadas dentro de uma caverna que passam a criar suas representações a respeito da realidade por meio de sombras, que eram refletidas pelas paredes. Sem qualquer movimento para sair daquele local, as pessoas se nutriam apenas de sombras, sem nenhum contato com a realidade do mundo externo. Consegue perceber alguma semelhança entre os smartphones e o que propus como "a nova caverna de Platão"? Passamos quase 16 anos de nossas vidas enxergando sombras da falsa realidade contidas nas redes sociais. Ou melhor, de maneira antagônica, saímos da escuridão das sombras propostas por Platão para o ofuscamento do excesso das luzes de LED[46] contidas nos aparelhos celulares, o que eles têm em comum? Ambos não nos permite enxergar! Em outras palavras, seja pelo excesso ou pela falta, seguimos acorrentados (Figura 9) e presos à falsa percepção da realidade e felicidade que a internet nos obriga acreditar.

Figura 9 – A falsa sensação de liberdade que as redes sociais nos impõem

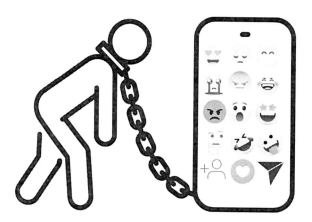

---

[45] PLATÃO. *A República*. Tradução Maria Helena da Rocha Pereira. 9. ed. Lisboa: Fundação Calouste Gulbbenkian, 2001.

[46] Nomenclatura oriunda do inglês *Light Emitting Diode*.

Recentemente, em conversa com uma de minhas alunas, falávamos sobre o aumento das reformas nos lares durante a pandemia da COVID-19. Em um momento da nossa conversa, a aluna relata que também estava fazendo uma reforma, porém, tinha dúvidas sobre qual cor de tinta usaria para pintar sua casa e, por eu ser da área das neurociências, gostaria de uma ajuda. Eu, confuso estava, mais confuso fiquei depois de tal associação. Mas resolvi perguntar a ela sobre o motivo que tinha levado a essa correlação. De acordo com a jovem entusiasta das neurociências, em pesquisas pelos sites de buscas da internet, ela viu que as cores amarelo, verde, azul, vermelho e rosa são cores que transmitem felicidade e calma para o lar. Naquele momento, em silêncio, pensei: talvez por isso não tenha atingido o nirvana, as paredes da minha casa são brancas.

Percebam como buscamos "receitas mágicas" para sermos felizes? Um dos grandes problemas presentes na internet é que não temos qualquer critério de seleção, logo, tudo que nos é regurgitado[47] deglutimos e ainda achamos prazeroso. Procuramos gurus[48] para nos dizer quais passos devemos seguir, terceirizamos aos ditos *"influencers"* a comercialização de estilos ideias de vida. Agora, voltando à tinta da felicidade, como eles[49] radicalizam do lado de lá, radicalizo também daqui: será que uma cor de tinta traria alento para quem passa fome? Será que acalmaria o coração das quase 17 milhões de mulheres vítimas de um machismo estrutural que foram agredidas no ano de 2020?[50] Será que uma cor de tinta traria "calma para o lar" do menino José[51], de 7 anos, que passa a noite inteira acordado preocupado com o pai que pode chegar a qualquer momento embriagado e agredir sua mãe? Por que será que a magia e as respostas prontas nos atraem tanto? Por que temos

---

[47] Sei que soa um pouco apelativo, mas é importante do ponto de vista pedagógico.

[48] Um guru, na tradição indiana, é um guia espiritual ou mestre que possui profundo conhecimento e sabedoria. Ele orienta seus discípulos em seus caminhos espirituais, transmitindo ensinamentos e práticas para o desenvolvimento pessoal e espiritual.

[49] O sistema!

[50] Pesquisa do Instituto Datafolha, encomendada pelo Fórum Brasileiro de Segurança Pública (FBSP).

[51] Nome fictício apenas para fins pedagógicos.

tanto medo dos atritos da vida, tão inerente a quem se permite viver? Em qual momento nos foi tatuado a ideia de que viver é permanecer anestesiado?

Do ponto de vista biológico, já discutido em capítulos anteriores deste livro, o que nos difere de outras espécies são nossas funções corticais superiores, possuímos racionalidade, podemos ser críticos, reflexivos. Mas o que fazemos com essa habilidade singular que a natureza nos deu? Simples, a utilizamos para responder a perguntas muito curiosas, como já escutei de um aluno: "Professor, quando o senhor nasceu, qual planeta estava acima?".

Como de costume, preciso processar algumas perguntas, principalmente as mais peculiares, então respondi a ele: "Como no espaço não há um 'acima' ou 'abaixo' absoluto, afinal, não existe um ponto de referência fixo como temos na Terra, onde a gravidade define o que é para cima e o que é para baixo, nenhum planeta, partindo do princípio de que os planetas orbitam o Sol, eles estão apenas alinhados no mesmo plano".

A resposta não agradou muito o jovem, tirei a possibilidade mágica de o rapaz deliberar sobre minha personalidade por meio dos astros, signos e ascendentes. Todavia, desagradou-me também saber que estamos insultando o que a natureza nos ofertou de mais precioso, a racionalidade.

Recordo-me do caso de uma paciente que, durante seu acompanhamento psicoterápico, no decorrer de suas falas, relatou que foi chamada a atenção de seu filho, uma criança, na escola. A paciente, ofendida pela circunstância, disse que não admitia que qualquer pessoa fizesse isso com seu filho e que, inclusive, na sua casa desligava o interruptor geral para que seu filho pudesse brincar com as tomadas, caso tivesse interesse. Então pensei: como pode uma criança crescer sem qualquer noção do que é o limite? Como crescer sem discernimento do que é a mágoa? E quando os desprazeres da vida emergirem, a mãe desligará o interruptor geral do seu filho? Interessantemente, na clínica, são esses pacientes que são fortes candidatos à dependência de medicações, pacientes sem muita noção de sofrimento, de atrito. Como a vida seria fácil se houvesse interruptores para ligarmos e desligarmos durante nossas angústias, não é mesmo?

A Biologia, embora nos direcione, nunca pode ser determinística, porém, do ponto de vista cerebral, se possuirmos apenas referências, conexões sinápticas, de que todo mundo é feliz o tempo todo, como nos vendem as redes sociais, o marketing, os representantes de RH[52], teremos muita dificuldade em compreender nossos momentos de tristeza e, consequentemente, seguiremos "patologizando"[53] todo e qualquer dissabor experimentado.

Há alguns anos, início da pandemia[54], recebi uma mensagem de uma pessoa desconhecida por mim na internet pedindo ajuda. O texto da mensagem basicamente dizia *"Professor, hoje amanheci triste, preciso de ajuda"*[55]. Ao ler a mensagem, não identifiquei nada de errado e perguntei à mulher há quanto tempo sentia-se assim. A moça prontamente respondeu que estava daquela forma um dia antes de encaminhar-me a mensagem, ou seja, horas antes de sentir tal tristeza. Por que será que esse sentimento a assustou tanto? A resposta pode ser simples: todo o sistema de internet foi criado para nos ofertar euforia, alegrias, distração e uma sensação constante de prazer e, como discutido antes, sem referências, a percepção do que nos dói será algo desconhecido pelo nosso cérebro.

Sejamos práticos, ao navegar na internet, quantas vezes você leu alguma publicação com frases do tipo *"Fui reprovado(a) no concurso público"*, ou melhor, um homem, com toda A virilidade masculina, ter publicado *"Hoje eu brochei"*? Quantas vezes você viu casais postando suas infelicidades? Sabe por que isso não ocorre? Porque internet é lugar de pessoas autossuficientes, não existe espaço nas redes para sofrimento, embora triste estejam, na hora da foto, o sorriso precisa ganhar espaço. É exatamente isso, bastam poucos minutos conectados à rede que já sabemos

---

[52] Recursos humanos.
[53] Palavra empregada para classificar um determinado comportamento como patologia.
[54] Pandemia da COVID-19.
[55] Modelo de mensagem muito comum nas minhas redes sociais.

coisa de "suma importância"[56] para nossas vidas, por exemplo, o que nosso "amigo" saboreou no café da manhã, qual foi seu prato durante o almoço e o que será servido no jantar. Na sociedade do espetáculo[57] (Figura 10), fotografa-se tudo, a todo momento, desde um prato de comida até a pureza, outrora íntima, de uma declaração de amor. E onde estão os problemas? Nos ideais, nas expectativas, nosso cérebro não percebe que aquela felicidade constante, aparentemente genuína, pode não ser real, a alegria intermitente que aquele casal de "amigos" exibe diariamente pode não ser verdadeira e, se consideramos a teoria psicanalítica como fundamentação, realmente não terá verdade nos excessos, percebam, é por trás dos exageros que muitas vezes nos acovardamos por medo de deixar escapar a realidade por trás de nossas faltas.

Figura 10 – Triste sociedade do espetáculo

Se partirmos do princípio de que o cérebro não é perfeito, e tomarmos como parâmetro os exemplos mencionados, surgem nossas desilusões, afinal, como toda referência da indústria do entretenimento é a doutrinação da felicidade, eu, Leandro, começo a achar que "meu amigo" da internet se alimenta melhor do que eu, trabalha melhor do que eu, ama melhor do que eu, em outras

---

[56] Apenas sarcasmo.
[57] Termo proposto a primeira vez pelo escritor francês Guy Debord na sua obra *A sociedade do espetáculo*, publicada no ano de 1967.

palavras, ele é constantemente feliz e eu não sou. É esse o modelo de exibição incessante que querem nos determinar, afinal, só tem qualidade de vida aquele que posta e é reconhecido por meio das milhares de curtidas realizadas pelos desconhecidos, só é feliz a pessoa que a internet diz ser feliz, só valeu a pena quando aquela publicação rendeu "engajamento"[58] e, para mim, no meu universo particular, de maneira simples, me arrisco a definir o que é qualidade de vida.

Figura 11 – Internet: aproxime-se com cuidado

Sabe o que é qualidade de vida, caro(a) leitor(a)? É estarmos perto de pessoas que nos permitam ser apenas aquilo que estamos dando conta de ser. É termos quem nos acolha com nossas fragilidades, inseguranças, medos, tristezas e todos os desacertos inerentes a aqueles que permitem viver. Afinal, em meio a tantos dedos que nos apontam, a grande dádiva é conseguirmos encontrar um único coração que nos acolha em silêncio, sem os holofotes da internet, sem os ruídos de uma sociedade rumorosa.

---

[58] Termo muito utilizado nas redes sociais para conseguir curtidas e interação com outros usuários.

Aqui, pelas reflexões do papel das redes sociais, abrimos caminho para pensarmos sobre as representações de felicidade na internet, que, em grande parte, é uma seleção curada da realidade, filtrada para mostrar apenas o que é atribuído ao belo, desprezando tudo o que é triste, mas igualmente real e humano. As redes sociais tornaram-se um palco onde todos são atores e o público, ao mesmo tempo, representam e assistem a uma performance constante de contentamento e sucessos excessivos.

Tal como a caverna de Platão, já discutida neste capítulo, onde as sombras eram tomadas como a única realidade, a nossa moderna caverna digital nos seduz com a sutileza da ilusão de uma vida sem falhas, autossuficiente, narcísica, viril, uma vida editada onde os erros são deletados e os infortúnios são ocultados. A reflexão platônica nesse contexto é muito válida, entretendo, há um movimento mais subversivo em ação. Estamos nos desvencilhando, ainda que lentamente (de maneira imperceptível ao nosso cérebro), das correntes que nos prendem à percepção alheia de nossas vidas. Nesse ponto que me percebo desafiando uma narrativa rígida. Onde alguns assistem a um *post*[59], uma imagem, um vídeo, eu procuro enxergar além. Pela prática psicológica, busco a história por trás da cena, os bastidores onde a vida real acontece, onde o único filtro cabível é o filtro de água, aqui, nesta obra, permito que tenhamos dificuldades e triunfos, com suas dúvidas e certezas. Não podemos nos anestesiar e aceitar que a realidade é encenada somente para a câmera, mas que a vida, que vale a pena ser experimentada, que pulsa genuinamente quando a câmera se desliga, também precisa palpitar em nós.

Aprendi na vida que quanto mais nos justificamos para outras pessoas, mais temos necessidade de nos justificar, e não é só isso, os outros acham que temos obrigação de lhes dar justificativas. Na internet não é diferente, quando nos tornamos escravos da aprovação virtual, perdemos o contato com o que aprovamos em nós mesmos, com aquilo que seria, para alguns filósofos, nossa essência.

---

[59] Um *"post"* é uma publicação ou conteúdo compartilhado em plataformas de redes sociais.

Quando comecei a estudar neurociências, algo era muito intrigante para mim, afinal, não somos a espécie mais forte, nossos sentidos são pobres, mas permanecemos aqui, por quê? Se confrontamos nossos sentidos em comparação a outras espécies, veremos que, de fato, não somos os mais dotados em termos sensoriais. Por exemplo, o bulbo olfatório de um cão é cerca de 40 vezes maior que o nosso em relação ao tamanho total do cérebro, o que lhes confere um olfato extraordinariamente mais apurado. Já as aves de rapina têm uma visão que pode ser até oito vezes mais aguçada que a humana. E enquanto o morcego utiliza a ecolocalização para navegar com precisão no escuro, nós dependemos em grande parte da luz para discernir o mundo ao nosso redor, não tendo luz, utilizamos a ecolocalização digital, o aplicativo Waze[60].

Agora, se olharmos para o quesito força, também não chegaremos nem próximo ao ranking, enquanto um elefante carrega pesos enormes e um chimpanzé tem força muscular aproximadamente quatro vezes maior do que a de um ser humano, nós temos outras formas de sobrevivência. Nossa espécie, *homo sapiens sapiens*, não prevaleceu pela força bruta, nem pela resistência, perceba, no Sol temos insolação e, se persistirmos, desenvolvemos câncer de pele, entretanto, temos uma capacidade cognitiva de criar comunidades cooperativas e desenvolver estruturas cerebrais que nos possibilitou uma forma de comunicação complexa, mas de suma necessidade para nossa permanência, a linguagem. Logo, por meio dessas habilidades, conseguimos fabricar ferramentas. A visão não é tão boa, mas criamos telescópios e lentes para melhorá-la. A força não é suficiente, mas criamos máquinas gigantescas com potência maior do que a de qualquer outro animal. Talvez neste momento, você, leitor(a), esteja se questionando: o que isso tem a ver com a internet? A resposta é simples, tudo! A internet nos tirou o que hoje nos possibilita a vida, a linguagem foi substituída por *emoticons* e a partilha da comunidade foi transformada em um isolamento social, ser humano e smartphone se bastam. Assim, diante da dicotomia

---

[60] O Waze é um aplicativo de navegação por GPS, desenvolvido para smartphones e tablets, que fornece direções em tempo real.

entre as maravilhas e armadilhas que os recursos tecnológicos nos oferecem, nos perguntamos: quem somos além das telas? A capacidade humana de inovação nos produziu separação, afinal, como prosseguir com relações humanas reais em um mundo cada vez mais digital? Como reconhecer a tristeza em um mundo cada vez mais farmacocêntrico[61]? Até o próximo capítulo!

---

[61] Neologismo para dizer que as indústrias farmacêuticas estão no centro desse sistema que não admite tristezas.

4

A RELIGIÃO E OS IMPACTOS NA NOSSA SUBJETIVIDADE

Até o momento, aprendemos que somos um conjunto de interações, como bem disse o escritor e teólogo Leonardo Boff na belíssima obra *A águia e a galinha*[62]: "a cabeça pensa onde os pés pisam". Do ponto de vista cerebral, não é diferente, nossas células neuronais também fazem suas sinapses[63] por meio das relações. São esses contatos que constituem nossas subjetividades, o caminho percorrido diariamente é sempre mais importante do que o desfecho final, a transformação ocorre na travessia, como disse o médico e escritor mineiro Guimarães Rosa em sua clássica obra *Grande sertão: veredas*[64]. Então, se nossas conexões cerebrais são formadas e fortalecidas também pela interação com o meio, como será que a religião impacta a nossa subjetividade, ou será que não sofremos qualquer influência da fé cristã[65] no que se refere a ser feliz?

Em toda a história, o homem sempre ansiou acreditar em algo, na Grécia Antiga, a mitologia grega, 700 a.C., encontrava suas respostas provindas dos deuses mitológicos. Posteriormente, filósofos pré-socráticos buscavam explicações para suas inquietudes a partir da observação dos fenômenos da natureza. Mais recente, por volta do ano 400, Santo Agostinho[66] trazia importantes reflexões a respeito da filosofia cristã, já nesse período, não eram mais os deuses da mitologia, nem os fenômenos da natureza que derivavam as respostas, para Santo Agostinho, as explicações viam de um único Deus, o Deus dos cristãos (Figura 12).

---

[62] BOFF, L. *A águia e a galinha*: a metáfora da condição humana. 40. ed. Petrópolis: Vozes, 1997.
[63] Nome dado para a comunicação entre neurônios.
[64] GUIMARÃES ROSA, J. *Grande sertão*: veredas. Rio de Janeiro: Nova Fronteira, 1986.
[65] Neste capítulo, utilizaremos o cristianismo como exemplo por ser a crença da maior parte dos brasileiros e brasileiras.
[66] Santo Agostinho foi um dos filósofos e teólogos mais importantes nos primeiros séculos do cristianismo.

Figura 12 – Linha do tempo para compreensão da busca humana pelo significado

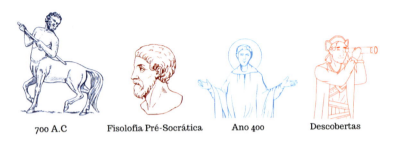

700 A.C   Fisolofia Pré-Socrática   Ano 400   Descobertas

Porém, foi entre os séculos XV e XVI que o cristianismo, durante o período de Grandes Navegações, com a chegada dos padres jesuítas, começou a ganhar evidência nas Américas, parece que essa metodologia de catequizar os índios realmente deu certo. No Brasil, de acordo com o Censo demográfico realizado no ano de 2010, cerca de 64,6% da população é católica, 22,2% são protestantes, 2% espíritas, 8% não têm religião e outros[67] ficaram com 3,2%. Se juntarmos apenas a população declarada católica e protestante no nosso país, teremos aproximadamente 145 milhões de pessoas, até a respectiva data, que possuem algum tipo de crença dentro do cristianismo.

Na Bíblia Sagrada[68], livro dos cristãos, frequentemente lemos alusões à felicidade e à alegria, por exemplo, o livro de Provérbios[69] diz: "[...] *feliz é aquele que confia no senhor*", ainda em Provérbios[70] está escrito "*como é feliz o homem constante no termo do senhor*". No livro de Salmos[71] está escrito "*Como é feliz a nação que tem o senhor como Deus*". Sim, poderíamos passar essa obra inteira fazendo menções aos trechos bíblicos que nos ensina a como ser feliz. Todavia, nosso papel aqui é causar reflexões e, por

---

[67] Nesse grupo ainda entram as religiões de matriz africanas, entre outras, que também têm suas devoções ao Deus do cristianismo.
[68] Coleção de textos religiosos que têm grande influência na fé cristã.
[69] Capítulo 16, versículo 20.
[70] Capítulo 28, versículo 4.
[71] Capítulo 33, versículo 12.

vezes, desconforto, vamos encontrar algumas desarmonias entre os textos sobre felicidade e outros escritos religiosos, também presentes no livro sagrado.

Em Mateus[72], um caso de adultério e vingança culmina em um assassinato hediondo. João Batista, primo de Jesus, por não estar de acordo com o romance entre Herodes Antipas e Herodias, teve sua cabeça decepada e entregue em uma bandeja a pedido da enteada Salomé. Se sairmos das confusões conjugais e passarmos para o laço[73] entre irmãos, parece que eles também não se davam muito bem nos relatos bíblicos, não é verdade? Seja pelo trágico assassinato de Caim sobre Abel, seja na luta pela herança e progenitura em Esaú e Jacó (Figura 13), ou mesmo nos conflitos existentes na história de Isaac e Ismael, o desastre parece sempre presente. Entretanto, os relatos de fratricídio não terminaram. No livro de Juízes[74], em busca de poder, o filho de Gedeão mata 69 irmãos, restando apenas Joatão. Ainda em Juízes[75], Jefté, após fazer um voto imprudente ao Senhor, sacrifica sua filha única ao retornar vitorioso de uma batalha. São diversas as tragédias bíblicas envolvendo crueldade, assassinato, fratricídio, genocídio, adultério, vingança, incesto e felicidade, claro!

Figura 13 – Cenas de contos bíblicos. Da esquerda para a direita, Esaú e Jacó e João Batista batizando Jesus de Nazaré

---

[72] Capítulo 14, versículo 1-11.
[73] Deveria dizer nó?
[74] Capítulo 9, versículo 1-6.
[75] Juízes 11:30-31, 34-35

Dando continuidade aos escritos cristãos, ou, para alguns, ao "livro da felicidade", Deus, representação do amor, destrói cidades inteiras e populações com fogo e água. Para abjugar seu povo de Israel, de maneira impiedosa, mata cruelmente afogados os egípcios no Mar vermelho. Nesse ínterim, o livro de Salmos[76] diz: *"Dai graças ao senhor porque ele é bom!"*, em seguida, *"Eterna é a sua misericórdia"*. Ainda no livro de Salmos encontramos "[...] *aquele que matou os primogênitos do Egito. O seu amor dura para sempre[77]"*. E nós, depois de um dia exaustivo de trabalho, chegamos em casa e, em forma de oração, nos prostramos sobre esse versículo e agradecemos a Deus por ter dizimado pessoas. Continuando, em Levítico[78], Nadabe e Abiú, filhos de Arão, foram consumidos por fogo enviado por Deus após oferecerem "fogo estranho" não autorizado no altar.

Se direcionarmos o holofote da nossa atenção hermenêutica apenas aos livros contidos no Antigo Testamento, parece até difícil associar o Deus misericordioso propagado por Jesus Cristo[79] no Novo Testamento com o Deus proclamado no livro que o antecede. Porém, o objetivo deste capítulo não é fazer com que você creia ou não creia em uma existência divina, nem mesmo que sua fé possa tornar-se mais ou menos sensibilizada após esta leitura, até suponho que, se você é uma pessoa religiosa, talvez esteja desconfortável nesse trecho, mas acalme-se e me dê esse voto de confiança, o desconforto nos permitirá reflexões e questionamentos, e isso também é o cristianismo: *"Examinai tudo. Retende o bem[80]"*. Como cientista e escritor, preciso colocar tais interrogações para mostrar o quanto nossa felicidade é impactada por algumas construções religiosas, não todas, que se estabelecem no fundamentalismo.

Hoje, somente na Igreja Católica Romana, são mais de 20 mil santos. Fundamentalmente, todos que passam por um processo de canonização recebem esse reconhecimento pela instituição.

---

[76] Salmo 117.
[77] Salmo 136:10.
[78] Levítico 10:1-2.
[79] O filho de Deus para grande os cristãos.
[80] 1 Tessalonicenses 5:21

Porém, mesmo os santos mais íntimos de Deus apresentaram, de acordo com a história, comportamentos adversos daquilo que todos almejamos, a felicidade. São Bento (480-547), importante nome presente na Igreja Católica, para fugir de uma tentação, retirou suas vestes e atirou-se em um arbusto de espinhos e cardos. As penitências e mortificações sempre estiveram na trajetória da igreja e de seus santos, como no caso de São João Batista, São Bento, Santa Rosa de Lima, Santo Atanásio, São Jerónimo e diversos outros. Mas, afinal, sabe como somos afetados, caro(a) leitor(a)? Da forma mais perversa que uma fé mal[81] vivenciada pode nos consagrar, incorporando culpa em tudo que fazemos. Não existe espaço para a felicidade onde incumbimos dor e sofrimento. O conceito de que o amor tudo aceita é uma "romantização" que tem ganhado mais força nas instituições. Estar condenado à infelicidade não é amar. A ideia do "para sempre" confronta nossa fé de forma impiedosa e nos mobiliza pelo temor à punição. Nada é mais perverso do que sentenciarmos nossa felicidade a troco de uma possível salvação.

Neste momento, peço licença ao estupendo educador e escritor Rubem Alves (1933-2014) para prevalecer-se de sua linha de raciocínio. Em uma de suas entrevistas no programa "Provocações", na TV Cultura, o pensador falou a respeito dos impactos da religião na nossa subjetividade e questionou esse modelo triste que foi instituído de um Deus que se deleita com nossos sofrimentos. Durante a entrevista, Rubem Alves discutiu por que só oferecemos desprazeres a Deus. Subimos escadas ajoelhados, andamos quilômetros nos arrastando e marcamos nossos corpos até a carne. Em qual momento foi instituído que o sofrimento é a pedagogia do amor? Será que Deus, com toda a onipresença, onisciência e onipotência, como proclama o cristianismo, acredita que o sofrimento torna pessoas melhores? Ou, como diz Rubem Alves, se oferecêssemos todos os dias uma poesia para Deus, será que ele não se encantaria? Se cantássemos uma bela canção e dedicássemos a Ele, teria menos merecimento do que a "pedagogia do cilício"?[82]

---
[81] Mal vivenciada, pois a fé quando bem experimentada tem papel importantíssimo na vida de muitos.
[82] Túnica utilizada sobre a pele para pagar penitências.

Talvez por isso seja tão difícil ser feliz dentro da religiosidade, nos sentimos culpados pelas músicas que escutamos, pela vestimenta que usamos, por aquilo que falamos, pela maneira que dançamos e, até mesmo, culpados por estarmos próximos a pessoas que não possuem a mesma crença que nós. Desde o nascimento, chegamos ao mundo com uma dívida que precisa ser paga, caso contrário, não experimentaremos a "felicidade eterna", logo, o que restará é a infelicidade ou, como diz parte dos cristãos, o inferno.

Para finalizarmos este capítulo, enfatizo que não penso que uma fé bem experimentada não seja benéfica e, portanto, traga momentos de felicidade. A ciência parece ser enfática sobre os benefícios da crença sobre a saúde dos nossos pacientes. Idler (1987)[83], após realizar um estudo com 2.700 participantes, mostrou que a fé religiosa parece diminuir características semiológicas associadas a doenças crônicas. Ainda nesse trabalho, o autor mostrou uma possível redução dos efeitos nocivos combinados à incapacidade física sobre a saúde mental. Byrd (1988)[84], em uma pesquisa randomizada, mostrou que pacientes que recebiam oração apresentavam uma menor necessidade de utilização de antibióticos, além de redução nos quadros de paradas cardíacas, pneumonia etc.

Entretanto, tudo aquilo que não nos liberta, nos aprisiona, dessa maneira ocorre com nossas relações, com nosso trabalho e, também, com a nossa fé. Hoje, com a doutrina da teologia da prosperidade, subvertemos o que era mais belo no cristianismo, a pobreza, mesmo que metafórica, que antes nos aproximava de Deus, hoje parece nos distanciar. O Deus que antes era coletivo agora é individual, regredimos e o chamamos de "papaizinho", transformamos Jesus em logomarcas presentes nos bonés, carros, camisetas e ausentes na essência cristã[85]. Cremos em um ser onipotente, onipresente e onisciente, mas procuramos o horário

---

[83] IDLER, E. Religious involvement and the health of the elderly: some hypotheses and the initial test. *Social Forces*, v. 66, p. 226-238, 1987.

[84] BYRD, R. Positive therapeutic effects of intercessory prayer in a coronary care unit population. *Southern Medical Journal*, v. 81, p. 826-829, 1988.

[85] A palavra "essência", nesse contexto, é para fazer menção ao desapego. Abdicar-se em prol do(a) outro(a).

mais rapidinho na missa de domingo. Nos demasiados programas de televisão, as bênçãos que outrora eram saúde e paz de espírito, tornaram-se carros luxuosos, casas caras e empregos supervalorizados. No mundo contemporâneo, ser compassivo tornou-se um defeito e a vaidade, uma nova virtude. A verdade é que, enquanto buscarmos Deus nas nossas culpas, enquanto utilizarmos de crenças para não admitirmos nossas tristezas, enquanto seguirmos incansavelmente procurando holofotes para nossa felicidade, não seremos felizes. Para além da religião, entenda, quem não aprende a encontrar conforto na própria solidão se sujeitará aos desconfortos da companhia de qualquer pessoa.

Figura 14 – Tudo o que não liberta, aprisiona. Sua fé o liberta ou o acorrenta?

Sim, o indivíduo pode experimentar a felicidade na fé, mas, para isso, será preciso despir-se do fundamentalismo religioso e da crença de que a felicidade não está aqui. Caso contrário, seguiremos infelizes, não é que isso seja um problema, a não ser que constante, porém, não estaremos em harmonia com a ditadura da felicidade. Conversaremos melhor no capítulo seguinte.

5

A TRISTEZA COMO PODER DE CRIAÇÃO

Sempre me perguntei em que momento passamos a acreditar que a vida deveria estar isenta de desprazeres. Afinal, quando foi que nos disseram que viver é permanecer-se anestesiado? Para darmos início a este capítulo, vamos voltar biologicamente no tempo até chegarmos ao dia da nossa concepção. Após uma relação entre nossos progenitores, houve um encontro entre o espermatozoide paterno e o óvulo materno (Figura 15)[86]. Em seguida, o óvulo iniciou seu percurso até implantar-se[87] na parede uterina, dando início à gravidez. A partir desse momento, a mulher, carregando o embrião, passou por diversas adaptações. Nas primeiras 12 semanas de gestação, sintomas como enjoo constante, dores nas mamas e desconfortos abdominais são muito comuns.

Figura 15 – Imagens evidenciando as etapas do período gestacional, da fecundação ao parto

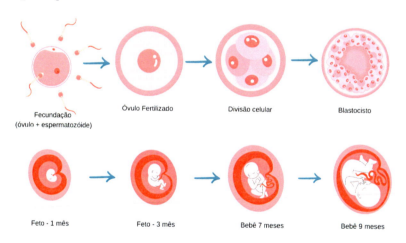

Durante o período de 9 meses, o corpo da mulher permanece modificando para beneficiar o desenvolvimento fetal, contrações dolorosas, instabilidade emocional, fortes dores nas costas e dores

---

[86] Biologicamente, esse momento do encontro dentre o espermatozoide e o óvulo é denominado de fecundação.

[87] Biologicamente, esse momento de implantação do óvulo no útero é denominado de nidação.

no "pé da barriga[88]" acompanham esse ciclo. Porém, chega um determinado momento em que o organismo da mãe já não consegue mais carregar a criança no ventre. E como um mecanismo de sobrevivência, de maneira quase que aguerrida, o corpo expulsa o bebê por meio de dolorosas contrações uterinas, tão dolorosas que a natureza, sábia, faz questão de apagar essa memória e as lembranças dos nossos primeiros anos de vida. Expelidos de um ambiente pouco ruidoso, com temperatura homeostática e sendo alimentados com pouquíssimo gasto energético, nascemos. A realidade é que, do ponto de vista biológico, a gravidez é dolorida e o nascimento um momento de trauma para toda criança. Percebam que, mesmo em meio aos períodos felizes que acompanham esse estágio, também encontramos os atritos que são favoráveis à concepção da vida.

Precisamos compreender que a tristeza e os desprazeres são inerentes à vida. Meu objetivo aqui não é romantizar nossas infelicidades, porém, precisamos entender que elas também nos constituem. Do ponto de vista cerebral, um cérebro que experimenta momentos de tristeza é um cérebro saudável, do contrário, um cérebro em constante felicidade vive um transtorno psiquiátrico denominado mania[89], precisa ser tratado, assim como a depressão. Entenda que a felicidade só pode ser reconhecida por possuirmos também as nossas tristezas, caso contrário, qual seriam nossos parâmetros? É como uma vela acesa em meio a um Sol do meio--dia, a vela está ali, mas não tem qualquer utilidade, sua chama não clareia o espaço mais do que já está aclarado pelo Sol. Por isso, reforço, o desejo está na falta! Não podemos desejar aquilo que nos transborda, nessa mesma perspectiva, se substituirmos a palavra "desejo", ainda assim caberá perfeitamente o conceito do *Eros* de Platão[90].

---

[88] A expressão "dores no pé da barriga" refere-se a desconfortos ou cólicas na região abdominal inferior, comuns durante a gravidez.

[89] Estado de humor anormalmente elevado, caracterizado por energia excessiva, impulsividade e redução da necessidade de sono, comum no transtorno bipolar.

[90] Platão, filósofo grego, foi discípulo de Sócrates e mestre de Aristóteles. Fundou a Academia em Atenas e suas obras, como *A República* e *O banquete*, influenciaram profundamente a filosofia ocidental.

Enquanto escrevia este livro passava[91] por uma pandemia. Mais de meio milhão de pessoas, apenas no Brasil, morreram por conta do vírus da COVID-19. Porém, em meio a tanta tristeza, a elaboração do luto é um dos problemas que temos enfrentado unicamente por não nos permitirmos sofrer. Na clínica, vejo constantemente pessoas em busca de medicamentos para utilizar durante e/ou após um sepultamento. Será mesmo que não é legítimo sofrer quando perdermos alguém que amamos? Por que fugimos tanto de tudo aquilo que nos incomoda? Freud (Figura 16)[92] (1856-1939), quando criou a teoria psicanalítica traz uma importante reflexão, de acordo com o psicanalista, se os nossos traumas são produzidos de maneira inconsciente, para eliminá-los, precisamos acessar esse inconsciente e trazer essas memórias à consciência, somente assim seremos capazes de atribuir significado e eliminar os sintomas. Para facilitar a compreensão pela lente da neuroanatomia, entenda inconsciente como estruturas subcorticais e consciente como o próprio córtex cerebral. Portanto, em um infeliz momento de luto, a não ser que aqueles que farão a despedida sejam cardiopatas[93], ou tenham qualquer outro problema que coloque em risco a própria vida, a medicalização nos depositará nesse lugar de inconsciência, de ausência de significados, da anestesia. E qual o reflexo disso? O aparecimento dos transtornos!

Figura 16 – Sigmund Freud

---

[91] Na verdade, ainda estamos colhendo os impactos da pandemia, porém, anestesiados.
[92] Freud foi um neurologista e psiquiatra austríaco. Foi o criador da psicanálise
[93] Cardiopata é uma pessoa que sofre de doença cardíaca, como insuficiência cardíaca ou arritmias.

Nos anos 80, Vinícius de Moraes[94] escreveu no "Samba da benção" que *"pra fazer um samba com beleza é preciso um bocado de tristeza, é preciso um bocado de tristeza, senão, não se faz um samba, não"*. Interessante como essa canção caminha em direção oposta a esse modelo de "felicidade fecunda", conhece aquelas pessoas que sempre dizem "Basta pensar positivo que acontece", "Deixa de ser negativo, se não atrai coisa ruim"? Quando escuto pessoas com essa "positividade tóxica" me vêm sempre à cabeça algumas reflexões: será que em 2010, quando um terremoto no Haiti de sete graus na escala Richter fez com que 300 mil pessoas perdessem a vida, se houvessem "pensado positivo" o terremoto seria mais brando? A matemática é simples: maior positividade é igual a menor escala Richter (MP+ = ER-)[95]. Em 1912, o famoso navio Titanic partiu de Southampton, na Inglaterra, em direção a Nova York. Na ocasião, mais de duas mil pessoas estavam a bordo, todos felizes, motivados, entusiasmados, pensamento positivo não faltava naqueles tripulantes, afinal, estavam todos e todas na embarcação mais luxuosa do mundo na época. Entretanto, em meio às águas geladas do Oceano Atlântico, um iceberg apareceu subitamente e, contrariando as "leis do pensamento positivo", o navio colidiu com o iceberg. Qual o resultado? Milhares de pessoas mortas! Creio que naquele momento o que mais aquelas pessoas queriam era que aquele navio não afundasse, sem dúvidas, após a colisão, todos e todas desejaram muito mais que nós mesmos durante toda a vida que aquele navio flutuasse, mas tragicamente tanto o navio quanto diversas pessoas foram engolidas pelo oceano.

Percebam que existem coisas que transcendem o nosso desejar, o nosso querer, a nossa positividade, portanto, sigo insistindo, precisamos falar sobre nossas tristezas, também. Hoje compreendemos, em decorrência dos avanços tecnológicos, que qualquer extremo é prejudicial, como a própria Neurociência nos mostra, o pêndulo que transita entre a felicidade e tristeza, se alterada a lei da compensação, nos colocará entre a depressão e a mania. O oxigênio, necessário para a vida, quando em excesso, pode nos matar.

---

[94] Importante cantor, poeta, jornalista e dramaturgo brasileiro.
[95] Fórmula fictícia para fins pedagógicos.

Em 1876, o escritor brasileiro Machado de Assis (1839-1908) disse, em seu romance *Helena*, que "a tristeza é necessária a vida", o psicanalista Freud disse em 1930, na obra *O Mal-estar na Civilização*, que o "indivíduo é um ser triste", e nós seguimos buscando passos para a felicidade e tratando a Biologia como uma grande receita de pão de queijo.

Perceber que existe muita beleza na tristeza talvez seja algo difícil em meio à sociedade do entretenimento. Como discutimos anteriormente, falar sobre tristeza em uma cultura entorpecida é um grande desafio. Porém, existem pensadores que "pegam a contramão" e são esses que nos agradam, o senso de realidade que dialoga com o orgânico. O escritor Rubem Alves, já mencionado em outros capítulos, no ano de 2008, lançou sua obra *Ostra feliz não faz pérola*[96]. Para mim, o livro poderia ter sido finalizado apenas pelo título, como soa forte, não é verdade? Você, caro(a) leitor(a), já se perguntou por que a ostra produz pérola? O processo de produção de pérolas é raro, de acordo com alguns estudiosos, somente uma ostra a cada dez mil produz a pérola. Porém, ostras perlíferas[97] não produzem pérolas ao acaso, é aí que está a beleza, a pérola é fruto do desconforto, do atrito, do incômodo e do desprazer. Quando um grão de areia incomoda, machuca a ostra, em um processo duradouro, aproximadamente três anos, a ostra o reverte, fazendo com que aquela areia incômoda e sem qualquer valor se torne uma pedra preciosa e delicada.

Entenda, não é toda ostra que produz pérola, somente as que se incomodam! Penso que, se os moluscos houvessem inventado a Fluoxetina e o Rivotril, não existiriam pérolas no mundo, apenas grãos de areia! Não obstante, parece que não aprendemos com os moluscos, na verdade, até subvertemos tais processos, não produzimos pérolas, nos medicamentamos a qualquer custo e pagamos um preço caro para termos a pérola, que é resultado do desconforto da ostra, para nos sentirmos mais confortáveis!

---

[96] ALVES, R. *Ostra feliz não faz pérola*. São Paulo: Planeta do Brasil, 2008.
[97] Nome da espécie de ostras que são capazes de realizar a produção de pérolas.

Enquanto escrevo este capítulo e faço essa reflexão a partir da estupenda obra do Rubem Alves, penso: a ostra passa três anos para conseguir transformar o desprazer em algo belo e confortável, ou seja, demanda tempo. Por isso terapia demanda tempo, por isso a significação e ressignificação demandam tempo, em outras palavras, a Biologia requer tempo, a imediatidão é apenas mais um marco na nossa sociedade acelerada. O saudoso escritor e diplomata brasileiro João Guimarães Rosa tem suas obras marcadas por uma forte ligação com as tradições e a cultura do interior do Brasil e seu estilo literário inovador e experimental fez com que o autor se torne uma figura única na literatura brasileira e mundial. Guimarães Rosa disse que *"o animal satisfeito dorme"*. Recordo-me a primeira vez que li essa frase, tive uma certa dificuldade em compreendê-la, afinal, se tem algo que nossa biologia procura é o estado de satisfação, a famosa "zona de conforto". Em uma breve definição, a zona de conforto é um estado psicológico em que o sujeito, por vezes, sente-se seguro, confortável e familiar. Portanto, estamos falando de uma rotina ou padrão de comportamento que requer pouco esforço cognitivo e/ou emocional, menos gasto energético, recordando aquela biologia da qual por vezes fugimos no primeiro ano do ensino médio, menos quebra de trifosfato de adenosina (ATP)[98], por isso nosso cérebro gosta de permanecer nesse local.

Embora a zona de conforto possa proporcionar uma sensação de segurança e estabilidade, ela não é inócua para nosso cérebro. Permanecer na zona de conforto é ter maior risco de doenças neurodegenerativas, atrofia cortical (Figura 17), quadros de demências etc. Neste momento, você, leitor(a) deve estar se perguntando: e o que tem a ver com a felicidade? A resposta é simples: a felicidade, em decorrência das analgesias — metáfora farmacológica — instituídas pelo sistema, coloca as pessoas nesse local confortável, logo, movimentar-se para sair desse lugar é convidá-las para o desconforto, para o "desprazer", para o gasto energético e isso o nosso corpo não quer. Enfim, em um sistema "patologizante"[99],

---

[98] ATP é a principal fonte de energia para as células, essencial para processos como contração muscular e síntese de proteínas.

[99] Esse neologismo é importante para nos referir a um modelo que atribui tudo a uma patologia.

desprazer tornou-se depressão, mas, afinal, o que seria a depressão no século XXI e como a contemporaneidade contribui para o surgimento desse transtorno?

A tristeza, constantemente marginalizada em nossa busca obsessante pela felicidade, pode ter, também, um convite à criação, um prelúdio à inovação. Diariamente, uma gama de espectros emocionais que experimentamos funciona como uma mola propulsora, que nos impulsiona para além da complacência e da satisfação efêmera que nosso cérebro busca incansavelmente.

O que aprendi sendo cientista é que podemos compreender que a Biologia nos ensina que, assim como a gravidez e o nascimento são processos que englobam dor e prazer, a nossa capacidade de experimentar tristeza é um indicativo tão irrefutável quanto a alegria, de saúde emocional, um contraponto necessário para a apreciação genuína da satisfação. Do mesmo modo que a dor é essencial para a sobrevivência, nos alertando sobre riscos, perigos, a tristeza é um sinal de que algo em nossa vida precisa de atenção e, por que não, mudança? Assim como a ausência de medo não é sinônimo de coragem, mas sim de inconsequência, a ausência de tristeza não é sinal de felicidade.

No mundo contemporâneo, em uma sociedade que precisa de respostas prontas, justificamos nossa felicidade com os termômetros de aquisições materiais outrora produzida pelo capitalismo — *Você está feliz? Claro, acabei de comprar um carro novo!* Na direção desse pensamento, a Finlândia está na lista dos países mais felizes do mundo de acordo com o Word Happiness Report, dado de 2018. A pergunta que precisamos fazer é: o que faz a Finlândia o país mais feliz do mundo? Você tem a resposta? Um outro país, pouco falado, mas também considerado o "país da felicidade", é o Butão. Esse pequeno país, localizado no sul da Ásia, no extremo leste do Himalaia, é também conhecido como um reino budista. Mas o que faz desse país um local de pessoas felizes? No Butão não se produz condições de desejos excessivos, logo, onde se deseja demais, se adoece demais! Desejo desmedido é fonte de descontentamento e sofrimento, sempre.

Em tempos de luto e perda, nossa cultura nos empurra para a negação do sofrimento, e a elaboração, um processo necessário para lidar com nossas angústias de maneira saudável, é descartado por não ser rentável para o mercado.

Rubem Alves, com sua visão perspicaz, nos lembra que a felicidade não é linear, mas um mosaico de experiências, algumas dolorosas, outras jubilosas, todas fundamentais para a construção do que nos tornamos, somos alegrias e desprazeres, somos encantos e desilusões, somos êxtases e tormentos, somos gozos e penas, deleites e dores, somos humanos, também compreendendo nossas tristezas, não como um fim, mas como um poderoso começo.

Figura 17 – Cérebro em plano anatômico coronal evidenciando a atrofia cortical do lado direito

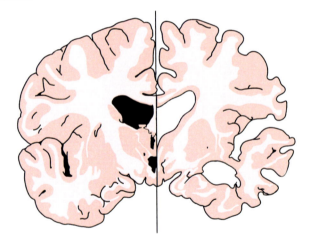

Criado com BioRender.com.

6

A DEPRESSÃO E AS EXPECTATIVAS

Falar sobre depressão demanda muito cuidado, afinal, não podemos cair no senso comum do julgamento ético/moral que vejo diariamente por onde passo, mas, como uma linha tênue, também não devemos achar que todo sofrimento é depressão. Para contextualizarmos, sabemos hoje que a depressão é um transtorno mental que afeta milhões de pessoas em todo o mundo, trabalhos apontam inclusive que, no século XXI, a depressão tornará a doença mais incapacitante. Caracterizada por sentimentos persistentes de tristeza, falta de energia, perda de interesse em atividades que antes eram prazerosas, o que em Psiquiatria chamamos de anedonia[100], alterações do sono, mudanças do apetite, pensamentos negativos e pessimismo em relação ao futuro são alguns marcadores presentes no transtorno.

Figura 18 – Representação de uma pessoa deprimida. A sensação de solidão é constante

Desencadeada por diversos fatores, os mais comuns envolvem fatores genéticos, eventos estressantes na vida, problemas de relacionamento, trabalho, traumas e doenças físicas que são

---

[100] Anedonia é a incapacidade de sentir prazer em atividades que normalmente seriam prazerosas, frequentemente associada a transtornos como a depressão.

encontrados nesses pacientes. Entretanto, fatores sociais e construções de arquétipos de felicidade podem produzir, em decorrência, também, das redes sociais, "subjetividades coletivas", logo, o outro passa a ser parâmetro para que eu me reconheça no lugar da tristeza ou da felicidade. A realidade é que somos seres de presença, nos reconhecemos e nos constituímos também com outros e outras, somos frutos da travessia[101], metáfora feita por Guimarães Rosa sobre nossa jornada de vida. Essas informações são tão necessárias que estudos recentes[102] mostram que videochamadas não reduzem a experiência de solidão entre as pessoas, curiosamente, o isolamento social é um fator de risco para quadros demenciais, em outras palavras, a ausência de presença faz com que nossas células cerebrais sofram em decorrência das ausências. Sim, talvez você esteja se questionando: "Mas eu amo ficar sozinho(a)!", está tudo bem, reforço, nossos problemas estão nos excessos. Claro que algumas pessoas têm mais fome de solidão do que outras, precisamos respeitar, o problema é quando o(a) companheiro(a) interpreta isso como um desafeto, afinal, em meio a uma sociedade espetaculosa, esquecemos que o silêncio também consagra o amor.

A relação e a interação social são de suma necessidade para o desenvolvimento do nosso sistema nervoso, crianças privadas de interação social podem ter atraso no neurodesenvolvimento[103]. Um artigo científico publicado na revista *Psychiatry and Behavioral Sciences*[104] aponta que o tempo que os pais gastam em frente aos smartphones pode estar diretamente associado a um atraso de linguagem de seus filhos e filhas. Para o sociólogo Pierre Bourdieu, já discutido nesta obra, nossas disposições e práticas são moldadas por nossas experiências e posição social, o que o autor conceitua

---

[101] GUIMARÃES ROSA, J. *Grande Sertão*: Veredas. 13. ed. Rio de Janeiro: Nova Fronteira, 2001.

[102] NOONE, C. *et al*. Video calls for reducing social isolation and loneliness in older people: a rapid review. *Cochrane Database Syst Rev.*, ed. 21, v. 5, n. 5, 2020. DOI: 10.1002/14651858. CD 013632. PMID: 32441330. PMCID: PMC7387868.

[103] Processo pelo qual o sistema nervoso se desenvolve, influenciando habilidades motoras, cognitivas e emocionais desde a concepção até a maturidade.

[104] KARA, H.; ACIKEL, S. B. The association between parents' problematic smartphone use and children's speech delay. *Psychiatry and Behavioral Sciences*, v. 10, n. 3, p. 110-115, 2020.

como *habitus*. Freud argumenta que o comportamento humano é moldado pela interação entre impulsos internos e as influências externas, o ambiente.

Agora estamos mais "familiarizados" com a necessidade biológica do contato social, entretanto, como a sociedade não se resume ao individual, somos constantemente atravessados por nossas expectativas, mas, afinal, o que seria essa "coisa"?

De maneira muito ortodoxa, a expectativa se refere a uma crença ou antecipação ao que pode acontecer em um evento futuro, seja em relação a uma situação em específico, a uma circunstância ou até mesmo a uma pessoa. Para alguns estudiosos, as expectativas podem ser conscientes ou inconscientes, podendo ser arquitetadas por experiências passadas, influências culturais e sociais, crenças pessoais e, até mesmo, valores. Sempre me pergunto se existe a possibilidade de nos relacionarmos sem uma expectativa, sem esperar nada enquanto moeda de troca, uma relação que não se circunscreve ao *Eros* platônico ou a *Philia* aristotélica, mas, como pensador, confesso que não tenho essa resposta, entretanto, se direcionarmos nosso foco às neurociências, podemos compreender melhor o que é expectativa e como ela pode estar associada a um risco aumentado para a depressão.

Figura 19 – Desenho ilustrativo do filósofo existencialista Jean-Paul Sartre

Um dos principais nomes do existencialismo, pensador, escritor e filósofo francês Jean-Paul Sartre (1905-1980), que teve grande influência na filosofia e na cultura do século XX, disse em sua peça teatral *Entre Quatro Paredes*[105] (ou *Huis Clos*, em francês), em 1944, que "o inferno são os outros". Essa frase fala muito sobre o existencialismo sartreano, entretanto, também é preciso admitir que a aceitação dessa frase só é legítima se também admitirmos, por mais doloroso que seja, que somos o inferno de outras pessoas. Afinal, nada mais incômodo do que a frustração em decorrência das expectativas não correspondidas, não é verdade?

Como uma busca pela compreensão de vários neurocientistas, hoje podemos dialogar sobre como o cérebro reage às expectativas. Você sabia que dar presentes é mais prazeroso, do ponto de vista cerebral, do que recebê-los? Sim, estudos científicos evidenciam esses resultados. Logo, a construção altruísta e empática de fazer sem receber nada em troca não existe, mesmo que seu retorno seja o aumento de dopamina, o neurotransmissor do prazer, no seu cérebro, algo você está possuindo. Entretanto, como estamos dialogando com o existencialismo, quem legitima nossa expectativa é o outro! Logo, ser correspondida ou não, foge ao nosso controle. Por exemplo, vamos imaginar que você, leitor(a), decida preparar uma grande festa para pedir sua(seu) amada(o) em casamento, motivado(a) pela expectativa você planeja cada detalhe, as pessoas que serão convidadas, o espaço para o evento, o que será servido de comida e bebida, as músicas que serão tocadas e o presente que dará para a(o) amada(o). Toda essa situação gera no nosso cérebro muita expectativa, dessa maneira, o mensageiro químico, dopamina, discutida em capítulos anteriores, gera no nosso sistema nervoso uma sensação de prazer e bem-estar, afinal, esse agente químico é o neurotransmissor das expectativas.

---

[105] SARTRE, J.-P. *Entre Quatro Paredes*. Tradução de Mario da Silva. São Paulo: Abril Cultural, 1981. (Os Imortais da Literatura Universal).

É chegada a hora da festa, uma multidão aguarda ansiosamente o tão almejado pedido de casamento, a música para, as pessoas interrompem a dança, as bebidas são colocadas sobre a mesa, um holofote vai em direção ao sujeito amado, músicas do Kenny G[106] começam a ser tocadas, esse é o momento! Você, ainda movido por muita expectativa, ajoelha-se e retira um par de alianças do bolso e oferece à(ao) amada(o), naquele momento a pessoa desejada olha seu gesto, tão romântico, tão profundo, vira as costas e sai correndo, contrariando qualquer possibilidade de corresponder à sua idealização, em outras palavras, sua expectativa não foi correspondida. Sabemos que, em algumas situações, as expectativas podem ser extremamente elevadas, o que pode provocar uma grande pressão para que os resultados sejam perfeitos ou atendam às perspectivas. Psicologicamente, isso pode levar a sentimentos de ansiedade, medo do fracasso e autodúvida. E o nosso sistema nervoso, como fica após a não aceitação do casamento? É nesse momento que entra uma estrutura muito importante presente no nosso cérebro, porém, muito pouco falada, a habênula lateral (Figura 20).

Toda vez que nossas expectativas não são correspondidas, essa estrutura, localizada em uma região do diencéfalo denominada de epitálamo, é acionada na sua porção mais lateral, emitindo projeções que, em seu desfecho, fazem com que aquela dopamina que antes estava sendo liberada e proporcionando tanto prazer seja suprimida. Logo, temos a sensação do desprazer, em outras palavras, poderíamos dizer que essa região seria o centro da frustração no nosso cérebro.

---

[106] Importante saxofonista estadunidense nascido em 1956.

Figura 20 – Cérebro em plano anatômico sagital evidenciando o epitálamo, região onde ficam localizadas as habênulas

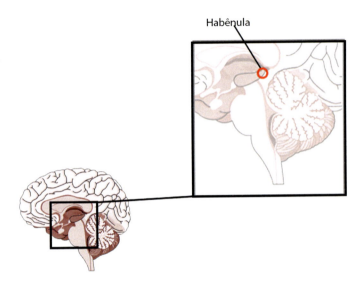

Criado com BioRender.com.

O que é importante extrairmos desse exemplo é que, quanto maior a expectativa, ou seja, maior liberação de dopamina, maior será a experimentação de desprazer quando o outro não corresponde a ela. Dessa forma, os trabalhos apontam uma ligação direta entre a frequente ativação das habênulas e o surgimento da depressão. Importante ressaltar que, quando estabelecemos expectativas irreais para outras pessoas, como esperar que elas sejam perfeitas ou atendam a todos os nossos desejos, podemos nos sentir decepcionados ou desencorajados. A sabedoria da vida nos possibilita compreender que, durante muito tempo, nos apaixonamos por aquilo que construímos em relação a outrem, amamos as expectativas e muitas vezes lutamos para permanecer em um local que não nos cabe. Com o significado, compreendemos que, quando não há espaço para nossa companhia, a maior tolice é nos apequenarmos para cabermos nos desconfortos daqueles que não querem nossa presença. Para sua saúde mental, deixe permanecer somente quem o(a) aceite com uma certa largueza. Afinal, em uma relação, nos tornamos sábios quando compreendemos que aqueles que nos deixaram, assim como nós, também eram imperfeitos. Na vida, quanto mais rasos estamos, mais nos afogamos em expectativas. Nesse momento, o tempo nos pede calmaria para alcançarmos certas respostas: quem nos deixou de fato esteve presente, ou simplesmente perdemos o que um dia idealizamos ter?

Ainda sobre essas idealizações, para Bourdieu, *"Os circuitos de consagração social serão tanto mais eficazes quanto maior a distância social do objeto consagrado"*. Que frase de impacto, não é mesmo? Mas claro! Nosso cérebro vive por meio das representações, nada mais gratificante do que o ideal, afinal, eles são frutos de nossas referências, precisam ser perfeitas mesmo. Raramente uma pessoa assistirá a um filme de um livro que houvera lido e dirá que o filme foi melhor que o livro, óbvio que não, o filme representa uma parcela da idealização do diretor e outra do autor, mas nenhuma parte daquele trabalho foi perguntada a você. Já no livro, a cena é sua, seu cérebro produz as imagens, seu cérebro colore a cor e seu cérebro cria a harmonia da música, tudo fruto de todas as suas referências. É por isso que relacionamentos a distância podem durar enquanto permanecerem distantes, afinal, seguimos com o sociólogo francês, a consagração tende a aumentar quando os quilômetros aumentam. O problema é que, na aproximação, não sobra espaço para as expectativas, na aproximação não cabe lugar para a idealização, na aproximação a paixão dificilmente resistirá à presença e, então, a paixão, por conta dos excessos de aproximação, desaparecerá. Como diria Madre Teresa[107], amar quem estar distante é muito fácil, difícil é amar o próximo!

Finalizando mais este capítulo, podemos dizer que as expectativas são uma parte natural da vida e podem ser úteis para nos movimentar e nos fazer alcançar nossos objetivos. No entanto, é importante manter as expectativas realistas e equilibradas, a fim

---

[107] Foi uma missionária conhecida por seu trabalho humanitário em Calcutá, na Índia. Fundadora das Missionárias da Caridade, recebeu o Prêmio Nobel da Paz em 1979.

de evitar pressão excessiva, o estresse desnecessário e o surgimento de alguns tipos de depressão, mas cuidado, não existe um "passo a passo" para ser feliz, fuja das receitas, falaremos sobre esse assunto no próximo capítulo.

7

A SOCIEDADE DA IMEDIATIDÃO E OS SETE PASSOS PARA A FELICIDADE

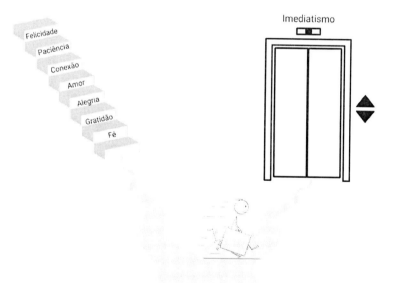

Já conversamos em capítulos anteriores sobre alguns marcos do mundo contemporâneo, porém, para compreendermos a sociedade da imediatidão, precisamos enfatizar que um dos destaques da contemporaneidade é uma rápida evolução tecnológica e uma crescente interconexão global. Afinal, com o advento da internet e das mídias sociais, as informações e as pessoas são capazes de se mover em tempo real e transcender as fronteiras nacionais e culturais — ao menos em parte. Entretanto, é notório que isso cria oportunidades para a inovação, a colaboração e a comunicação em todo o mundo. Contudo, também pode levar a desigualdades sociais, problemas sérios de privacidade e de segurança, bem como à propagação de informações falsas ou mal-intencionadas, mas entenda, não é a internet, é o ser humano. O mundo contemporâneo é marcado por dicotomias, afinal, no exato momento em que temos um cirurgião nos Estados Unidos operando um paciente aqui no Brasil por meio de robôs e promovendo vida, também temos pilotos russos com drones sobrevoando território ucraniano — e vice-versa — e dizimando pessoas.

Os desafios da contemporaneidade são extensos, porém, uma provocação presente é a busca incansável pela felicidade. Trabalhamos em excesso, "precisamos" produzir em excesso e, não obstante, adoecemos em excesso na busca pela permanência constante sobre os pódios. Diariamente nos esforçamos pela permanência nos holofotes, mas é na tranquilidade do anonimato que frequentemente encontramos paz. Em detrimento dos excessos pagamos um preço caro, hoje conhecemos o *burnout*[108], uma síndrome psicológica desencadeada pelo esgotamento, pelo cansaço, pela necessidade massiva de produção. O *burnout* pode levar a sentimentos de exaustão emocional, despersonalização e baixa realização pessoal. Como consequência, podemos ter implicações graves em nossa saúde mental e física, incluindo depressão, discutida no capítulo anterior, ansiedade, problemas de sono e, até mesmo, doenças cardiovasculares. Carregar "o mundo nas

---

[108] O *burnout*, desencadeado em decorrência de um esgotamento, é uma síndrome psicológica que pode ocorrer quando uma pessoa experimenta estresse crônico, comumente no trabalho.

costas" beneficia a todos, exceto a si mesmo. Conheça seus limites, não carregue mais do que você precisa suportar. Agora surgem as provocações, sabendo disso, o que fazemos quando nos encontramos esgotados e esgotadas? Recorremos aos fármacos! Afinal, os remédios psiquiátricos alteram o mal-estar contemporâneo! E em meio ao esgotamento, estresse, ansiedade, depressão e imediatidões, procuramos a felicidade assim como buscamos receitas para preparar um alimento em uma tarde de domingo para a família.

Figura 21 – Reflexo do esgotamento da pós-modernidade

Não desconfie que queria ter, caro(a) leitor(a), a receita para a felicidade, talvez ficasse até "endinheirado", como dizia minha avó. Entretanto, estando nesse lugar apenas de um cientista em busca de descobertas, idolatrando as incertezas, observo algumas pessoas que parecem ter "encontrado" um atalho e hoje nos ensinam esse "passo a passo" da permanência nesse lugar feliz, logo, os livros que mais vendem atualmente são aqueles que trazem resultados rápidos, embora frágeis, o que atrai distintos leitores são livros que nos prometem *"sete passos para a felicidade"*, *"oito passos para ser um profissional de sucesso"*, *"cinco passos para se ter um relacionamento perfeito"*, *"dez passos para ser uma pessoa sexualmente potente na cama"*, *"dois passos para alcançar o corpo ideal"*, *"três passos para ter a pessoa amada aos teus pés"*. Perceba que até os rituais para "atrair a pessoa amada" estão mais ágeis, agora, ao invés de sete dias, já nos prometem 24 horas. Mas, afinal, onde estão os problemas? Um certo dia fui palestrar sobre o tema emoções e sentimentos pelas lentes das neurociências e um aluno levantou a mão e me fez uma pergunta um tanto quanto curiosa: "Professor, li em um livro que, para termos um hábito consolidado, precisamos repeti-lo por mais de dez mil vezes, é verdade?". Mais uma vez, a busca pela resposta pronta despontou, entretanto, o autor do livro foi perspicaz, afinal, se em dez mil vezes não vira hábito, nunca mais se tornará.

Precisamos ter cuidado com a biologia determinística, a Biologia nos orienta, mas nunca nos define. Logo, começarmos a crer que existem "passos" para alcançar a felicidade é confiar à Biologia um lugar que não pertence a ela. Prontamente, compramos um livro confiando atingir a felicidade em sete passos, ansiosamente corremos do primeiro para o segundo passo, lemos o terceiro, no quarto passo a expectativa aumenta, o quinto e o sexto passos a gente atravessa rapidamente, agora, movidos pela ansiedade, chegamos ao último passo, aqui teremos a resposta para nossas tristezas, dias felizes emergirão, restam apenas algumas páginas à frente, muito em breve estaremos plenamente felizes!

Algumas horas depois...

Terminamos o livro, a felicidade não veio. Agora, produziremos sintomas ainda maiores, pois passamos a acreditar que nem mesmo as receitas que transformaram todos e todas em felizes não funcionaram com a gente.

Existe uma busca muito perigosa por um modelo de felicidade que não é real, por vezes, chega a ser tóxica. Não gosto muito de definições que permeiam a subjetividade, mas podemos inferir que a felicidade tóxica talvez seja um fenômeno que ocorre quando uma pessoa busca arquétipo de felicidade que é superficial e que pode ser prejudicial a si mesma ou aos outros, na verdade, apenas pessoas sem senso de realidade devem gozar de uma felicidade plena. São essas pessoas que tentam manter uma imagem perfeita nas redes sociais ou em público para sustentar uma sociedade exibicionista. Pela realidade sofremos para que nossos corpos estejam em conformidade com o da "moça das redes sociais", para que nossos cabelos sejam como o daquela garota youtuber[109] e, o pior, para que nossa maneira de expressar seja como aquele famoso influenciador. É exatamente essa felicidade a qualquer custo que pode, inclusive, confrontar aspectos éticos e morais.

Precisamos ser realistas, sim, embora seja natural que tenhamos esse desejo (social ou biológico?) de evitar a tristeza e buscar a felicidade em todos os momentos, a tristeza também tem sua importância em nossos processos emocionais. Por meio das tristezas aprendemos a processar e lidar com emoções difíceis inerentes à vida, como perda, decepção e fracasso, permitindo-nos refletir sobre tais experimentações e, posteriormente, admiti-las. A tristeza, em sua quietude, é um guia sutil, ensinando a arte da compaixão, a aceitação da impermanência e a riqueza encontrada na fragilidade humana. Admita seus momentos tristes!

Por muito tempo me questionei sobre os motivos que nos fazem ter tanto apreço pelo "passo a passo", pelos "sete passos para felicidade". Hoje, depois de diversos anos na ciência, posso, talvez pretensiosamente, ter algumas respostas, logo, compreender o sistema nervoso é uma etapa necessária para entender alguns comportamentos da nossa espécie. Dialogamos em outros capítulos sobre a importância do córtex cerebral (Figura 22) nos processamentos conscientes, logo, essa estrutura mais externa do nosso cérebro está a todo momento em busca da "não tensão", aquilo que foi discutido com muita sapiência na psicanálise de Freud como o "princípio de prazer". Se tudo o que sentimos, percebemos, controlamos e relatamos está no nosso córtex cerebral, precisamos, de certo modo, mantê-lo acionado constantemente, não é mesmo? A resposta é não! Calma, não é que o nosso córtex "desligue", mas os estímulos que chegam ao nosso sistema nervoso se adaptam depois um certo tempo, esse mecanismo é importante para reduzirmos gasto energético, por exemplo: antes de comentarmos aqui, dificilmente você, leitor(a), estaria sentindo a roupa que toca o seu corpo, ou mesmo o local em que está sentado ou deitado, se

---

[109] É uma pessoa que cria e publica vídeos na plataforma YouTube, frequentemente ganhando seguidores e, em muitos casos, gerando renda por meio de publicidade e parcerias.

você, caro(a) leitor(a), estiver utilizando correção visual — óculos — neste momento, provavelmente passará a senti-la tocando a sua face, a roupa tocando seu corpo, até mesmo o calçado que está utilizando, curioso, não é mesmo? Esse é um princípio que nós chamamos de adaptação celular, em resumo, nossas células se adaptam aos estímulos, ao meio.

Figura 22 – Córtex cerebral humano, responsável por funções complexas, como pensamento, memória, linguagem e percepção sensorial

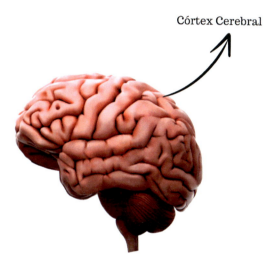

Percorremos toda essa explicação apenas para falarmos sobre a busca incessante que possuímos para alcançar um objetivo por meio dos sete passos. Podemos dizer que, quando deixamos o nosso cérebro sem "referências", aumentamos ainda mais o consumo de energia[110] no córtex cerebral. Foi conduzida uma pesquisa bastante peculiar que investigou um conjunto de pacientes que sofria de uma enfermidade de difícil diagnóstico. Os participantes relataram sentir tristeza e ansiedade devido à incerteza acerca da natureza da doença que os aflige. Entretanto, após conseguirem o diagnóstico,

---

[110] Trifosfato de adenosina (ATP).

depois de muito tempo, mesmo tratando-se de uma doença rara e muitos em fase terminal, os participantes da pesquisa disseram sentir-se mais aliviados e aliviadas. Neste momento você deve estar se perguntando: qual a conclusão desse trabalho? É simples, podemos dizer que é mais confortável, do ponto de vista cerebral, a certeza da morte, do que as incertezas da vida! Não nos adaptamos às incertezas, por isso necessitamos dos significados! Agora pense comigo, qual é a opção mais reconfortante para o cérebro: saber que seremos felizes em sete passos ou trabalhar todas as angústias e subjetividades em busca de uma resposta que possivelmente nunca encontraremos? Sete passos são concretos, são exatos, são cheios de significados, mesmo que rasos. Assim, quando se trata de escolher entre um livro que nos guia "passo a passo" em direção à felicidade em sete etapas e um livro que apenas suscita dúvidas sem oferecer orientação alguma, como este que você está lendo neste momento, a opção concreta pode parecer mais reconfortante, embora nem sempre inócua.

A busca por respostas prontas pode parecer uma opção atraente, pois fornece uma sensação de segurança e controle diante daquilo que é incerto, nos colocando, inclusive, em um lugar mais vulnerável à manipulação e ao conformismo, limitando nossa capacidade de tomar decisões informadas e de viver uma vida significativa e autêntica. Existe uma palavra muito bonita na língua portuguesa denominada de "idiossincrasia", basicamente, trata-se de um termo que nos define enquanto particulares, subjetivos, que nos difere enquanto seres humanos. Logo, acreditarmos que os oito passos para o relacionamento perfeito e cinco passos para o casamento ideal nos possibilitarão alcançar esses resultados é, necessariamente, negar que somos seres, ainda[111], talvez não por muito tempo, particulares.

Perceber que em algumas situações precisamos ser mais concretos, assim como em outros momentos a subjetividade preponderará, é necessário para darmos conta da existência. Viver

---

[111] A palavra "ainda" foi utilizada como sarcasmo, afinal, até aquilo que nos difere, em decorrência do capitalismo e das redes sociais, passa agora a tentar nos igualar.

também é dolorido, por isso não permaneceremos felizes, assim como não permanecemos tristes. O nosso desafio, seja nas relações, seja na nossa forma de interagir com a vida, nas nossas escolhas diárias, é trazer consciência a tudo aquilo que transborda em nós. O cortisol, hormônio tão marginalizado por muitos, quando em concentrações apropriadas pode desempenhar um papel importante na regulação do nosso sistema imunológico[112] e na resposta ao estresse, por exemplo, esse hormônio nos ajuda a controlar a inflamação em nosso corpo, reduzindo a resposta do sistema a agentes inflamatórios. Todavia, nossos problemas estão nos excessos, afinal, esse mesmo cortisol, quando transborda, é muito nocivo para o nosso corpo, principalmente para o nosso sistema nervoso e sistema cardiovascular. Enfim, perceba que a questão é que ou buscamos a felicidade por meio do reducionismo das prontidões literárias ou somos engolidos pela perversidade da sociedade do consumo proposto pelo filósofo polonês Bauman. Nessa segunda opção, a propaganda é uma das principais ferramentas usadas para promover a cultura do consumo, por meio dela criamos desejos e necessidades que não são nossas, para agradar a quem não sabemos e alcançarmos a aceitação em um local que não nos pertence. Vamos discorrer sobre a felicidade e o consumo no próximo capítulo, até breve!

---

[112] O sistema imunológico é a defesa do corpo contra infecções e doenças, composto de células, tecidos e órgãos que combatem patógenos.

8

A FELICIDADE EM FUNÇÃO DO CONSUMO

Talvez esta seja uma das questões mais difíceis de dissociar a ideia de felicidade. Quantas vezes, em meio aos dessabores da vida, não fomos convidados a sair para comprar alguma coisa? *"Levante-se desse lugar, sacuda a poeira, vá ao shopping e compre uma roupa bem bonita, uma bolsa bem elegante"*, as sugestões mágicas para nos retirar da tristeza são diversas, porém, quase sempre entrelaçadas ao capitalismo. O sistema econômico capitalista é um sistema que se baseia na propriedade privada dos meios de produção e na livre iniciativa. Seu objetivo é claro, direto, sem rodeios, maximizar o lucro e aumentar a produtividade por meio da competição entre empresas, o lucro e a acumulação de riquezas tornam-se uma busca incessante dos proprietários. Não obstante, atribuindo ao capital nossa salvação, passamos a subverter nossas angústias em função do consumo. Quando observamos os dados, os resultados são preocupantes, nosso país segue a tendência global do consumo excessivo, de acordo com pesquisadores de análises de dados apenas 24% dos consumidores se consideram conscientes em relação aos seus próprios padrões de consumo. É exatamente isso que o sistema quer, consumidores(as) distraídos(as), mas comprando como se não houvesse o amanhã.

Figura 23 – Mão simbolizando o capitalismo manipulando um trabalhador, como um boneco de ventríloquo, ilustrando a dominação e a falta de autonomia no ambiente de trabalho

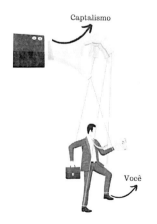

Preocupantemente, consumimos demais e produzimos lixo demais. De acordo com um relatório da Universidade das Nações Unidas, em 2019, o Brasil descartou mais de 2 milhões de toneladas de resíduos eletrônicos, com menos de 3% sendo reciclados. A pesquisa também revelou que 16% dos brasileiros descartam eletroeletrônicos no lixo comum com certa frequência. Sim, vivemos o século do impacto ambiental, do descarte e, assim como fazemos com os smartphones, perfazemos com pessoas, descartamos descartáveis e desconsideramos consideráveis. Na sociedade da exposição, nossas dores e desprazeres passam a ser legítimos quando registrados pelas telinhas e publicado nas redes, o que é perigoso. Não desconsidere o sofrimento do outro por não o ouvir gritar. O silêncio nem sempre é a ausência de fala. Às vezes é na aparente calmaria que ecoam nossos gritos mais intensos. A dor quase nunca requer holofote.

Figura 24 – Por trás dos sorrisos nas redes sociais, escondem-se tristezas e inseguranças, a perversa pressão constante de aparentar felicidade

Existe uma perversão muito grande dentro do capitalismo, é produzida uma sensação de falta e a precisão de ter aquilo de que não necessitamos. Na contemporaneidade, ficar um dia sem um

smartphone é ter a sensação de que nos falta um órgão e almoçar com a televisão desligada nos produz a percepção de que nos falta um membro da família. Por meio das estratégias de venda, passamos a desejar tudo aquilo que não é nosso e acreditamos integramente que dependemos do "iPhone Pro x Max 100[113]" parar sermos felizes. Para Platão, o *Eros*, já discutido nesta obra, é o desejo, e o desejo nada mais é do que a falta, portanto, desejamos tudo aquilo que não possuímos, desejamos o que não temos, desejamos o que um dia almejamos ter, desejamos nossas idealizações, desejamos nossas expectativas concretizadas, entretanto, se desejo é a falta, quando nosso desejo se faz presente, deixamos de desejar. Tenho um exemplo muito interessante, durante vários anos, em toda a minha infância, desejava ter um instrumento musical, estudei música por muito tempo, mas meu instrumento, por questões financeiras, era muito simples, bem menos atraente do que o dos meus colegas músicos e musicistas. Mais de 15 anos desejando e amando, trabalhei, estudei e, quando alcancei o tão amado instrumento musical, deixei de desejá-lo, hoje, o instrumento está aqui, encostado, em um quarto cheio de coisas velhas, outrora desejadas e amadas. Seguramente, se eu não houvesse retirado o instrumento da loja, seguiria amando-o e desejando-o.

Nessa direção entre o desejante e o desejo, um outro exemplo me parece ser mais pedagógico ainda, eu sou uma pessoa que adora escutar música, existem canções que literalmente me emocionam, no conceito etimológico da palavra mesmo, me recordo de que sempre que escutava na rádio, enquanto dirigia, a canção "Onde Deus Possa Me Ouvir", do cantor mineiro Vander Lee, eu praticamente parava o carro e me debruçava por aqueles quase quatro minutos em êxtase. Desejava aquela canção sempre que ela aparecia de surpresa na rádio, afinal, ela não me pertencia. Um determinado dia, decidi gravar a tão amada canção em um pen drive[114], logo, tinha acesso à música todos os dias antes de ir

---
[113] Sabemos que não existe esse modelo, é apenas uma provocação.
[114] Dispositivo portátil de armazenamento de dados, utilizado para transferir e guardar arquivos digitais.

para o trabalho e, tendo controle sobre ela, a repetia constantemente no início do meu processo de retenção sobre aquela melodia, com o passar do tempo, não demorou muito, percebi que já não a desejava tanto. Quando aquela canção foi acorrentada pelo meu desejo, quando tive todo o controle, não mais contando com a expectativa se a escutaria novamente ou não, meu amor pela canção foi embora, curiosamente, até passei a trocar a estação de rádio para escutar outra canção, alguma que ainda não tenha sido acorrentada pelo meu desejo egoísta de possuir e ter controle sobre o objeto desejado. Percebeu? Afinal, a felicidade poderia ser possuir tudo o que deseja? Mas se, para Platão, o objeto desejado deixa de ser desejo na presença, parece que felicidade não poderia ser atrelada ao consumo.

O filósofo sul-coreano Byung-Chul Han se destaca por suas contribuições à filosofia contemporânea, especialmente em relação aos temas da sociedade, tecnologia e cultura. De acordo com o pensador, na atualidade, o hipercapitalismo dissolve a existência humana em uma rede de relações comerciais. Na sua obra *A sociedade do cansaço*[115], Han afirma que, enquanto a sociedade disciplinar é caracterizada pelo "não", gerando loucura e delinquência, a sociedade do desempenho produz indivíduos deprimidos e fracassados. Para ele, a cultura do consumo constante nos leva a crer que somos livres, porém, na verdade, ficamos aprisionados em uma rotina viciante que nos impede de alcançar a verdadeira liberdade.

Como estamos constantemente interagindo com o meio, os mecanismos biológicos não podem ser desconsiderados nem dissociados do social. Existem vários aspectos cerebrais que reforçam o sujeito a consumir cada vez mais. Primeiramente, o marketing, sabendo da necessidade biológica de se economizar energia no nosso cérebro, como discutido no capítulo anterior, lança estratégias que, em Neuropsicologia, são chamadas de *priming* (pré-ativação). O *priming* é um tipo de memória de longo prazo não

---
[115] Obra do filósofo Byung-Chul Han, publicada em 4 de outubro de 2010.

declarativa que pré-aciona alguns neurônios no sistema nervoso parte central de maneira inconsciente, logo, quando lemos a frase "*Beba Coca-Cola*", mesmo que nossa exposição ao estímulo ocorra de maneira muito momentânea, ativamos um grupo de células que produzem em nós um desejo inconsciente de beber algo, porém, não será uma água, um suco ou mesmo uma vitamina, a sede será de Coca-Cola. Esse mecanismo ocorre em detrimento de termos acionado neurônios que sabem o que é o tal refrigerante, portanto, quando resgatamos memórias para nossa consciência — córtex cerebral —, evocaremos o que foi facilitado, a sinapse de menor gasto energético, a sinapse da Coca-Cola.

O *priming* é um dos aspectos que nos faz consumir sem compreender a origem do desejo, mas existem outras questões que são necessárias para associarmos a construção entre o consumo e a felicidade, por exemplo, os circuitos de recompensa, hoje também chamados de circuitos das expectativas, que temos no nosso cérebro. Os circuitos de recompensa são conjuntos de estruturas neuronais — conectomas[116] — que, quando acionadas, geram sensações de prazer, bem-estar e, claro, recompensa. Diversas estruturas no nosso sistema nervoso estão envolvidas nesse circuito, destacando-se o núcleo *accumbens*, a área tegmentar ventral, o córtex pré-frontal e o hipotálamo (Figura 25). Esses mecanismos de recompensa são ativados quando o indivíduo experimenta sensações de prazer, como comer um alimento, beber um bom vinho, ter relação sexual, consumir drogas ou realizar outras atividades que são "gratificantes", embora algumas sejam prejudiciais. A ativação do circuito de recompensa é essencial para a motivação, aprendizagem, expectativa e adaptação ao ambiente, uma vez que somos convidados constantemente a buscar atividades prazerosas, o princípio de prazer, também já comentado. Importante ressaltar que a superestimulação desse sistema pode

---

[116] O conectoma é o mapa completo das conexões neuronais de um cérebro ou de uma parte específica dele, incluindo informações sobre a direção e a força dessas conexões. É uma área de estudo importante em Neurociência para compreender como as informações são processadas e transmitidas no cérebro.

levar ao vício e à dependência, uma vez que o indivíduo busca incessantemente tal experimentação, em detrimento de outras atividades importantes para sua vida. Compreender os mecanismos subjacentes a esse circuito é perceber o funcionamento do cérebro em relação ao comportamento humano, ao consumo e, até mesmo, às implicações na prevenção e tratamento de transtornos relacionados à dependência e compulsão, por exemplo, a nossa compulsão pela felicidade.

Figura 25 – Imagem em plano anatômico sagital evidenciando suas estruturas e devidas localizações anatômicas

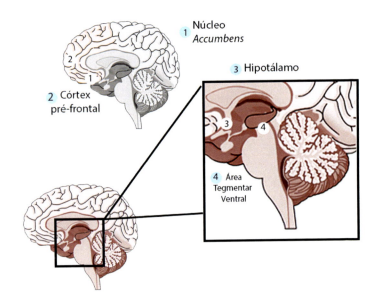

Acredito que a sabedoria vem envolvida pelo desapego, muitas vezes para dissociarmos a busca pela felicidade em meio às presenças, ao pódio, precisamos, também, de um amadurecimento de vida. Hoje, entendemos que o tempo passa, a gente se isola e percebe que nossa companhia é a melhor presença. Concluímos que algumas pessoas têm mais fome de solidão que outras. Compreendemos a necessidade de ser apenas aquilo que damos conta de ser. Admitimos nossas fraquezas e dialogamos com nossas angústias. O tempo passa e compreendemos as falhas, selecionamos quem estamos dispostos a perdoar. Carregamos cada vez menos o peso que não é nosso e nos bastamos cada vez mais com nossa solidão, tempo sábio!

O que pretendo alcançar com esta obra é fazê-lo(a) perceber que a busca pela felicidade é uma questão pessoal. Não há conselhos universais, receitas prontas, passo a passo, nem tampouco uma constância que se aplique a todos e todas. Cada pessoa, com suas particularidades, deve buscar, por si só, alcançar a felicidade e desfrutá-la rapidamente, afinal, como disse Guimarães Rosa, a felicidade pode até ocorrer, porém, em raros momentos de distração! A vida distraída das coisas que são essenciais nos cria falsas sensações de necessidades e falsas sensações de necessidades nos produzem falsas representações de felicidade. Para Noam Chomsky, um renomado linguista, filósofo e ativista político americano do século XX, o uso da força não é eficaz para controlar a população, mas é possível distraí-la com o consumismo.

Não pense que, enquanto escrevo este livro, não possuímos qualquer expectativa, tampouco busco momentos felizes, a felicidade também me movimenta, porém as tristezas compõem parte das travessias, são sinal de saúde. Quais seriam nossas referências se não tivéssemos parâmetros? Onde estaria a grandiosidade da vida se não houvesse, também, a morte? A beleza da vida perpassa a certeza da morte. Afinal, tudo aquilo que é condenado ao infinito perde a especiosidade das mudanças decorrentes do tempo. O encanto da flor está no ciclo do nascer, embelezar, exalar seu cheiro e murchar. Flores de plástico não morrem, mas também não emanam perfume. Quem disse que a vida seria apenas calmaria? Viver também é atrito, é o desconforto das diferenças, os incômodos dos desacertos, mas, antes de tudo, viver é ter sabedoria para lidar com as cicatrizes dos nossos desassossegos.

O consumismo desenfreado subvertido de felicidade tem impactos significativos no nosso cérebro. Esse desejo excessivo por ter impacta diretamente nossa cognição e reflete no funcionamento emocional do nosso sistema nervoso.

Um dos grandes debatedores da sociedade do consumo é o sociólogo francês Jean Baudrillard[117], para o pensador, o consumo é um sistema simbólico que "diz" as coisas não pelo que realmente são, mas pelo seu significado. O consumo, na contemporaneidade, não é mais valorizado por sua utilidade, mas pelo que simboliza, dessa maneira, nos vemos em um ciclo sem fim de consumir não apenas coisas, mas também símbolos, ideias e conceitos que estão associados a esses desejos. Neste momento, talvez você esteja se perguntando: e como o sistema se apropria desses conceitos para nos vender felicidade? A resposta é óbvia, não estamos comprando mais um aparelho celular, estamos comprando um símbolo de status.

Ao pensarmos sobre comprar ou não comprar um celular, o córtex pré-frontal, parte da frente do nosso cérebro, tem um papel importante nessa tomada de decisão, lembrando que essa expectativa é sempre tomada pela liberação do mensageiro químico, a dopamina. Nesse sentido, quando estamos em nossas casas, sentados em frente à televisão e assistimos a um anúncio *"Você não pode ficar de fora"*, *"Você precisa ter"*, *"Só você não tem"*, a ideia por trás do marketing é vender "felicidade" por meio da expectativa produzida no nosso cérebro, logo, mais liberação de dopamina e uma associação perversa, categórica, entre o produto e a sensação de pertencimento ao grupo.

O meu combate, enquanto estudiosos do cérebro, é mostrar que felicidade não se compra, tampouco se vende. Felicidade não precisa de "filtros", não necessita de "curtidas", não carece de "visualizações", as experiências reais não dependem de símbolos ou de representações simuladas. O importante, para além da felicidade, é perceber o papel da tristeza enquanto, também, uma possibilidade de compreensão de vida, afinal, tristeza, não

---

[117] Nasceu em Reims, nordeste da França, em 27 de julho de 1929.

contrapõe a alegria, mas se integra em uma grande sinfonia de harmonias e atritos. Ao admitirmos nossas tristezas como parte "não patológica", como um sentimento que pode existir sem CID[118], possivelmente encontraremos uma maneira mais autêntica e, talvez mais duradoura, de sermos mais felizes.

Como cientista, sigo interessado em compreender mais sobre o cérebro humano e como as diversas influências culturais e sociais moldam nossas ações, crenças e emoções. Nessa travessia, precisamos desvincular a ideia da felicidade associada a pertencimento de compra. Entretanto, o nosso cérebro se torna uma espécie de maquinário de gratificação imediata, onde o "querer ter" tenta compensar um suposto vazio existencial que o capitalismo nutre constantemente. Enquanto os mecanismos neurobiológicos nos desviam a uma busca permanente pela gratificação, a sociedade comercial, por outro lado, nos fornece um mar de produtos e serviços que nos tentam — ou atentam? Incessantemente. Fugir da distração, estar presente, questionar nossas motivações e avaliar nossos desejos é uma estratégia para não sermos engolidos pela indústria predatória do consumo. Entenda, desejar não é um problema, o problema é como nossos desejos foram construídos, qual sua origem. Faça-se a pergunta: quanto dos seus desejos são realmente seus? O que verdadeiramente deseja e o que foi ensinado a desejar? Responder a essas perguntas, será um grande passo para escapar das grades de um sistema desejante. Por fim, como diria Freud, "*a felicidade é um problema individual*", portanto, neste livro não teremos receitas!

---

[118] Manual para Classificação Internacional de Doenças.

9

A DITADURA DA BELEZA E A ASSIMETRIA DO JULGAMENTO MORAL

Um dos problemas do século XXI é a busca constante pela "estética perfeita". Trocamos os filtros de barro de nossas casas pelos filtros do Instagram[119], deixamos de "viver histórias" para postarmos "*stories*"[120], estamos acorrentados pelos arquétipos dos corpos ideais, cabelos impecáveis e roupas de grife. Presente de 15 anos deixou de ser a tão sonhada festa, o momento da partilha, e tornou-se cirurgias plásticas para seios siliconados. Para além de um modelo estético, a ideia de um "padrão de beleza hegemônico" passou a ser um gatilho de angústia, ansiedade e de distúrbios alimentares para nossos jovens.

Em decorrência de uma tentativa de alcançar um protótipo estético europeu, homens e mulheres "afinam o nariz", "alisam seus cabelos", se automutilam, em busca de uma ascensão social. Indivíduos considerados "pequenos" gastam em torno de R$ 400 mil para quebrar o fêmur ou a tíbia — podendo ser os dois — objetivando conseguir alguns centímetros a mais para o reconhecimento de estranhos. Pessoas com adiposidade[121] localizada no abdômen introduzem cânulas de ferro para conseguir drenar alguns milímetros de gordura, não por saúde, ela é secundária, mas por estética. No século XXI, o que se comercializa são corpos e rostos harmonizados, mesmo que estes estejam em constante desarmonia com o emocional, aqui, o psicológico não tem espaço, ele não pode ser fotografado e postado.

Figura 26 – Na busca por corpos perfeitos, transformam-se as imperfeições em cicatrizes

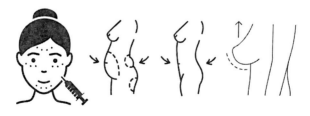

---

[119] Uma das maiores redes sociais para compartilhamento de fotos e vídeos entre os usuários do aplicativo.
[120] Recurso do aplicativo Instagram para que se possa compartilhar momentos do dia.
[121] Aumento de gordura na região do abdômen.

A busca por padrões, muitas vezes inatingíveis, perpetua uma narrativa tóxica de inadequação, nossa juventude, em particular, padece lutando para encontrar um lugar de aceitação pessoal em meio à ditadura da beleza. Dessa maneira, vemos emergir uma assustadora assimetria no julgamento moral dentro dessa cultura obcecada por "corpos perfeitos". Como nossas referências estéticas são, por vezes[122], visuais, criamos, por meio de neurônios-espelho[123], arquétipos de como ser. Como tudo isso reflete na nossa sociedade? O físico tornou-se o cartão de visita de luxo, afinal, valores e ações não rendem engajamento nas redes sociais. As implicações são profundas e duradouras, tanto para o indivíduo quanto para a sociedade como um todo. A busca obsessiva para alcançar a "perfeição" produz pessoas rasas, cansadas, deprimidas e ansiosas. A supervalorização da beleza reforça uma cultura de superficialidade e materialismo.

É curioso como nossas representações do belo foram transformadas ao logo do tempo. Para Sócrates, filósofo ateniense do período clássico da Grécia Antiga, a beleza estava associada ao caráter e à virtude. Ao focar nesses aspectos, podemos começar a realinhar nossos padrões do belo com nossos julgamentos morais e, como consequência, na contramão do mercado, passamos a valorizar o caráter em vez da feição.

Para deixar menos confuso, até mesmo para mim, o que estou pretendendo passar, vou introduzir um importante conceito em Neurociência, que é o de neuroplasticidade. Basicamente, a neuroplasticidade é a capacidade que o sistema nervoso possui de se adaptar e, também, de modificar sua estrutura e função em resposta à aprendizagem, ao ambiente, a novas experiências etc. Entenda esse processo como uma forma que as células neuronais, também já discutidas neste livro, encontram para se rearranjar, se readequar, para fazer novas conexões; por exemplo, após a perda de movimento de um dos membros em decorrência de

---

[122] Importante lembrar que nem todos enxergam com os olhos.

[123] Os neurônios-espelho são células cerebrais que se ativam ao observarem ou realizarem ações, facilitando a empatia, a imitação e a aprendizagem social.

um acidente vascular cerebral (AVC), o paciente que passa por uma reabilitação pode recuperar parte dos movimentos devido à plasticidade cerebral. Em resumo, é a capacidade de o cérebro se remodelar ao longo de toda a vida que nos possibilita sermos seres de transformações.

Observe que nossos julgamentos morais não são estáveis, logo, somos influenciados, constantemente, pelo ambiente em que estamos inseridos e pelas pessoas com as quais nos relacionamos. Diversos estudos em Neurociência revelam dados sólidos sobre como a influência das redes sociais pode alterar nossos padrões de beleza. Um estudo de Fardouly *et al.* (2015)[124], publicado na revista científica *Body Image*, mostra que a comparação frequente da aparência com outras pessoas nas mídias sociais pode levar a maiores preocupações com a imagem corporal. De acordo com os pesquisadores, mulheres que passam um tempo maior utilizando redes sociais fazem mais comparações de seus corpos com outros, levando a uma insatisfação corporal. Ainda nessa perspectiva, o estudo de Perloff (2014)[125] avaliou o efeito das mídias sociais na imagem corporal e autopercepção de mulheres. De acordo com o autor, o uso de mídias sociais pode contribuir para insatisfação corporal e transtornos alimentares. Perceba que essa possibilidade plástica que nosso cérebro possui pode interferir diretamente no que é definido como "padrões de beleza", principalmente em áreas cerebrais associadas à autoimagem e à autoestima.

Caminhamos em direção a uma grande "bola de neve", afinal, a busca incansável pela "perfeição" afeta diretamente nossas emoções, que, por sua vez, interferem nos processos de tomada de decisão, que, consequentemente, nos condenam a querer alcançar tais ideais. Em um mundo obcecado com a aparência, o ser corre risco de se tornar mero cenário.

---

[124] FARDOULY, J. *et al.* Social comparisons on social media: the impact of Facebook on young women's body image concerns and mood. *Body image*, v. 13, p. 38-45, 2015.
[125] PERLOFF, R. M. Social media effects on young women's body image concerns: Theoretical perspectives and an agenda for research. *Journal of Social and Clinical Psychology*, v. 33, n. 8, p. 687-709, 2014.

Figura 27 – Quem dita o ideal e o belo não é você, quais são os espelhos que tem procurado para se perceber?

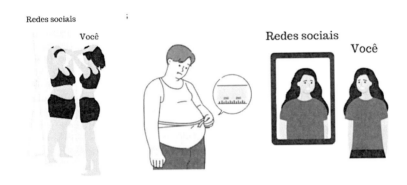

De acordo com a Sociedade Brasileira de Cirurgia Plástica, entre os anos de 2007 e 2008, foram realizadas aproximadamente 459 mil cirurgias plásticas estéticas. Agora, somente no ano de 2020, a pesquisa aponta um total de 1 milhão 306 mil cirurgias estéticas em todo o país. O que mudou nesses últimos anos? Somos 131.506 milhões de brasileiros com contas ativas na internet, podemos correlacionar? Essa resposta você precisará buscar.

Em meio a uma sociedade distraída, ter consciência de como imagens e normas de beleza que consumimos estão moldando nossas percepções e julgamentos é um trabalho árduo. Reforço que não é apenas pelo desejo consciente de querer mudar, mas meu apelo é pela mudança de um sistema que se apropria de conhecimentos neurobiológicos e nos dita, de forma cruel, a maneira que amamos, vestimos, comemos e nos portamos. Na verdade, à luz dessas reflexões, a questão permanece: como podemos reconstruir a ponte entre estética e ética que foi quebrada por essa ditadura da beleza e assimetria de julgamento moral? Para o filósofo Nietzsche, já discutido neste livro, um importante passo seria ressignificar o que compreendemos por beleza para resgatarmos seu vínculo intrínseco com a moralidade. Ainda nessa linha filosófica, a proposta de Sócrates sobre focar mais no cultivo de nossas almas do que na estetização de nossos corpos passou a ser *démodé*[126]. O sociólogo francês Bourdieu explora o conceito de "capital simbólico", incluindo a ideia de beleza, como uma forma de poder e status social. Para o sociólogo, em meio a uma sociedade cada vez mais visual e digital, a beleza tornou-se uma forma crucial de capital simbólico e, como consequência, levando a efeitos prejudiciais na autoestima individual e nas relações sociais.

A influência das mídias atravessa um papel central na propagação dos ideais de beleza, afinal, na era do Instagram, Snapchat e TikTok — todos aplicativos de celular —, a doutrinação persistente de padrões de corpos inatingíveis é predatória. Na obra *A sociedade do espetáculo*[127], do filósofo francês *Guy Debord*, o pensador argumenta profundamente sobre a mediação da vida social por meio de imagens, o que depõe a felicidade nas mãos da mídia e da indústria da moda e da beleza. A luta que enfrentamos no século XXI é extensa, como cientista, observo atentamente esses fenômenos, mas como, igualmente, protagonista ativo, sigo atrás de formulação de respostas para não ser "engolido" pelo sistema.

A mídia influencia não apenas a disseminação de imagens, ela molda percepções, atitudes e, claro, comportamentos. Naquele meio — online —, a vitrine da vida é facilmente editada, sorrisos ficam mais esbranquiçados e harmonizados, corpos ideais tornam-se construções culturais que são comercializadas e vendidas de forma perversa como estratégias para ser feliz, assim, a indústria da moda capitaliza sobre a insegurança dos distraídos, vendendo a satisfação por meio de corpos desfigurados.

Finalizo este capítulo convidando você, caro(a) leitor(a), para entender que o mundo da beleza não precisa nos acorrentar, pode ser um local de expressão individual e diversidade. Questionar, desafiar e transcender é uma das tradições que atravessam a Filosofia, necessária, por sinal. Embora, como discutido em outros capítulos, sejamos biologicamente convidados e convidadas para a

---

[126] "*Démodé*" é um termo francês que significa fora de moda ou ultrapassado.
[127] DEBORD, G. *A sociedade do espetáculo*. Rio de Janeiro: Contraponto, 1997.

zona de conforto, diferente de todas as outras espécies já categorizadas pelas ciências, temos livre-arbítrio, podemos rejeitar padrões estreitos e opressivos, podemos trazer novas representações para nossas células. A pergunta que devemos fazer permanece ativa: quais referências estamos atribuindo aos nossos neurônios? Quais associações estamos conferindo para nossas sinapses? Quais são as origens dos nossos desejos? Por anos, nos fizeram acreditar que o sistema era sutil, mas isso não é verdade, ele é descarado, entretanto, fomos educados e educadas a não o perceber, por isso seguimos, como grandes fantoches, com terceiros governando nossos corpos e mentes. Triste ditadura da beleza.

10

SEJA FELIZ! SE PUDER!

Enfim, chegamos ao último capítulo desta obra. Provavelmente você está se perguntando: *"E agora, como ser feliz?"*, ou mesmo *"E as dicas para a felicidade, não virão neste livro? Devia ter comprado o livro daquele outro autor, ao menos ensina como ser feliz, minha amiga comprou e está se sentindo ótima!"*. Podemos dizer que tanto a Filosofia quanto a Neurociência estão de acordo que a felicidade não é um estado constante a ser alcançado, mas um processo contínuo de descoberta e adaptação, ancorada no presente, no agora. Entretanto, biologicamente, o processo demanda tempo, a Biologia requer tempo! Não, infelizmente este livro não vai dar uma receita "faça fácil" de como permanecer constantemente na felicidade. Claro, não é que como autor deste trabalho não queira sua felicidade, entretanto, a realidade é muito mais complexa e sutil do que as fórmulas simplistas e atraentes de vendedores de entretenimentos rasos que encontramos nas mídias e prateleiras de "autoajuda"[128].

É desafiador escrever um livro que critique aquilo que buscamos incansavelmente, a felicidade. Ao longo da história da Filosofia e da própria Psicologia, a tristeza possuía um espaço de profundas reflexões. O ensaísta e poeta Khalil Gibran disse, na sua obra *O profeta*[129] que: *"A alegria e a tristeza são inseparáveis. Juntas, vêm e, quando uma se senta sozinha contigo à mesa, lembra-te que a outra está adormecida sobre a tua cama."* Por meio dessa reflexão, compreendemos que a tristeza não é apenas uma emoção a ser evitada, mas uma parte integrante a ser percebida, consentida e considerada.

Para que possamos entender melhor o que seriam as emoções, precisamos, antes de tudo, diferenciá-las dos sentimentos. As emoções são respostas biológicas a estímulos externos, sua característica é ser passageira, pois, quando duradouras, nos produzem sintomas. As emoções servem para criar comportamentos, sempre associadas à sobrevivência e à reprodução da espécie. Podemos dizer, inclusive, que as emoções nos igualam aos outros animais.

---

[128] Deixo claro que não tenho qualquer problema com livros de autoajuda, as críticas circundam a banalização de tudo que o foi debatido nesta obra.

[129] GIBRAN, K. *O profeta*. Tradução de Carmo Vasconcelos Romão. [S. l.]: Alma dos Livros, 2021.

Quando enfrentamos uma ameaça, nosso corpo reage, de maneira inconsciente, a diversas respostas fisiológicas — taquicardia (coração acelerado), elevação da pressão arterial, aumento do diâmetro pupilar, frequência respiratória acelerada e músculos tensionados, essas alterações nos possibilitam uma ação à ameaça, esse mecanismo fica a cargo do nosso sistema nervoso simpático[130]. Um exemplo prático sobre uma resposta emocional é a experimentação do medo. Em contrapartida, a fins de sermos didáticos, o sistema nervoso parassimpático faz exatamente o contrário, reduz a frequência cardíaca, a pressão arterial, o diâmetro de pupila etc.

O sentimento, diferente das emoções, possui uma resposta mais elaborada, portanto, consciente, essas experiências recrutam o córtex cerebral, possibilitando a interpretação dessas emoções, porém, considerando o contexto cultural, memórias, crenças e os próprios pensamentos. Voltando ao exemplo do medo, quando o reconhecemos e refletimos sobre ele, podemos transformá-lo em sentimento.

A partir desses exemplos, percebemos mais uma vez o perigo da distração e a necessidade de atribuir nome ao que vivenciamos. Na tradição da Igreja Católica, uma das formas mais assertivas — ou mais fáceis? — de exorcizar um demônio é quando o líder religioso sabe seu nome, dessa maneira, cria-se uma autoridade para expulsá-lo. Não é diferente com nossas emoções, só conseguimos lidar com elas quando, mesmo em meio às dores e aos desconfortos, a admitimos, criamos uma intimidade e a expulsamos. Está triste? Reconheça, admita e aceite a tristeza, ela vai embora.

Falar sobre tristeza é tão importante que Aristóteles, um dos filósofos mais influentes da Grécia Antiga e da filosofia ocidental, escreveu para seu filho Nicômaco uma obra denominada Ética a Nicômaco[131]. Mesmo falando sobre "Eudaimonia", que, para

---

[130] O sistema nervoso simpático é parte do sistema nervoso autônomo, responsável por preparar o corpo para situações de "luta ou fuga", aumentando a frequência cardíaca, dilatando as pupilas e inibindo funções digestivas.

[131] ARISTÓTELES. Ética a Nicômaco. In: ARISTÓTELES: Obras incompletas. Santos: Nova Cultural, 1996.

Aristóteles, era o objetivo último da vida humana, um estado de bem-estar completo e duradouro, o termo "megalopsychia" — grandeza de alma — é discutido na sua obra, onde a tristeza é vista como uma resposta apropriada às circunstâncias adversas. Para o filósofo, a tristeza é uma emoção natural e inevitável que surge quando somos confrontados com a perda ou a injustiça, e lidar com ela de maneira equilibrada é uma marca de uma vida virtuosa.

Dentro dos estudos em neurociência contemporânea, sabemos que a tristeza tem o seu propósito biológico ao nos ajudar a ajustar nossas expectativas e comportamentos em resposta aos desafios ou às perdas que enfrentamos. Em determinados momentos, somos compelidos a retroceder, a desbravar a gênese de objetos, seres e circunstâncias. A ascensão nem sempre se traduz em "avançar". Há patamares de crescimento que somente conquistamos ao revisitarmos os desconfortos do nosso passado, afinal, às vezes é preciso abraçar a dor para experimentarmos a cura. Quando caminhamos para uma perspectiva evolutiva, a tristeza passa a exercer uma função crucial na nossa sobrevivência e adaptação. Por meio desse estado emocional, criamos mecanismos de sinalização para a necessidade de suporte social e cuidados. Em momentos de perda ou fracasso, a tristeza pode promover comportamentos que buscam o apoio de outros, facilitando a coesão social e aumentando a probabilidade de ajuda e proteção. Ainda, por meio da evolução, sabemos que a tristeza permite sinalizar aos outros membros do grupo que um indivíduo está em um estado vulnerável, promovendo empatia e respostas de cuidado, portanto, a tristeza tem funções necessárias para nossa sobrevivência.

Um escritor e filósofo brasileiro de quem gosto muito e com quem já tive o privilégio de participar de um debate é Clóvis de Barros Filho, talvez um dos pensadores que melhor discute a ideia de felicidade. Em uma de suas reflexões, e aqui dou crédito ao professor, a ideia de passarmos a semana inteira esperando chegar a sexta-feira, passar semanas esperando chegar o quinto dia útil, passar meses esperando chegar as férias em dezembro e torcer para que a vida passe mais depressa, logo, é torcer para que nossa vida termine. Essa reflexão utilitarista do tempo me preocupa, a falácia da felicidade futura é algo que nos foi apresentado desde o dia do nosso nascimento, nos diziam: "Acalme-se, o melhor está por vir!", assim, nos colocamos em um estado de suspensão, aguardando a verdadeira satisfação que só virá no futuro, entretanto, o amanhã, antes futuro, também será o hoje, dessa forma, o futuro nunca chegará! E a felicidade também não! Caminhamos em uma autoaniquilação lenta, onde cada momento perdido é um passo em direção ao fim da vida.

Se pudesse deixar apenas uma dica, como cientista e pensador, diria para você, leitor(a) que, quando estiver almoçando, almoce. Quando estiver conversando com alguém, converse. Quando estiver estudando, estude. Quando decidir tirar o dia para "não fazer nada", não faça. No mundo contemporâneo, nosso principal déficit[132] passou a ser um "déficit de atenção presencial", não estamos mais presentes em nada, enquanto estudamos ouvimos música, assistimos à televisão e falamos ao telefone. Enquanto estamos no bar com amigos, focamos nas telas e esquecemos de valorizar a presença. A partilha do almoço com os membros da família compete com as telas e jornais de notícias trágicas. A distração é uma das ferramentas-chave do capitalismo, afinal, sem utilizar nossas funções corticais superiores, dirigimos, falamos ao telefone, nos alimentamos após uma breve parada em um *drive-thru*[133] e, ao volante, reclamamos da corrupção no nosso país. O processo é acelerado, não existe tempo para significar, porém, os sintomas emergem na ausência da linguagem, ou atribuímos significado, ou nosso cérebro o fará.

Ainda nessa perspectiva, é curioso como nossa língua possui lacunas de significado. Durante a pandemia da COVID-19, fui ao mercado e na frente do estabelecimento tinha uma placa grande que dizia: "Extremamente proibido entrar sem máscara". Naquele momento pensei: se fosse apenas "proibido", seria pos-

---

[132] A palavra "déficit" diz respeito a uma situação gerada quando existe uma falta.
[133] A palavra vem da expressão *"drive through"* que, em uma tradução literal, seria "dirigir através". Em resumo, é um local onde paramos o carro e solicitamos o alimento sem precisar sair do veículo.

sível? Ou, talvez, teríamos uma punição reduzida? Para alguns, esse exemplo pode parecer banal, mas, de maneira biológica, reforço, a linguagem tem grande força sobre nosso cérebro e nossos processos de subjetivação.

Enquanto educador, vejo vários colegas de trabalho comentando: *"Nossos alunos não leem mais", "Os jovens não gostam de ler"*. Curioso, pois todos os aplicativos de redes sociais exigem leitura, os aplicativos de mensagem exigem leitura. Podemos dizer, inclusive, que nunca se leu tanto em decorrência de todos os avanços tecnológicos que estamos experimentando, porém, informação não é conhecimento. Uma criança hoje com 4 anos de idade já teve mais acesso à informação do que um adulto teve no ano de 1920, entretanto, como mencionado anteriormente, informação não é conhecimento, logo, não temos mais poetas e poetisas, músicos e musicistas, escritores e escritoras, afinal, o conhecimento depende de significado e significado é incompatível com a distração. Então, como o cérebro aprende? Por meio das representações, da curiosidade, do interesse, da significação. Se nós, educadores e educadoras, permanecermos trancados em uma sala exigindo a leitura de Machado de Assis para que nossas crianças realizem uma prova, ou explicando que existe uma oração subordinada e coordenada, sem qualquer contextualização, continuaremos com alunos e alunas estudando 14 anos o português sem saber utilizá-lo. Nossos jovens precisam de Machado de Assis? Claro que sim! Assim como precisam de Guimarães Rosa, Aluísio de Azevedo, Graciliano Ramos e todos os clássicos da nossa literatura, entretanto, definir o que é ponto de partida e o que é ponto de chegada é fator primordial para que nossos neurônios edifiquem novas sinapses.

Vamos caminhando para o fim desta obra, se você me acompanhou até aqui é porque de alguma maneira também esteve satisfeito(a) com as reflexões que foram feitas sobre a tristeza, sobre nossos desprazeres. Como disse desde o início, não houve receitas em nenhuma das páginas, embora algumas breves e pretenciosas dicas tenham emergido por meio dos diálogos. Claro, não posso definir o que é felicidade por você, afinal, o que me faz feliz não necessariamente o(a) fará, pode ser até que o(a) deixe mais triste. Perceba que ninguém além de você pode compreender os contornos da sua existência, os abismos emocionais que atravessou e o merecimento que carrega na busca por sua tentativa de alcançar a felicidade.

Chega um determinado momento na vida em que você precisa escolher entre ser aceito por todos ou ter saúde mental. Afinal, a busca constante pela aceitação é o passo mais próximo que damos em direção à frustração, à infelicidade, entenda, você não será o antidepressivo do mundo.

Eu sigo aqui, pensando, refletindo e pesquisando sobre o que me traz sentido. Em alguns momentos mais feliz, outros nem tanto. Mas com a sabedoria de perceber que a tristeza ensina, sinaliza mudanças, contrasta com a alegria, aprofunda a empatia, nutre a introspecção, valida nossa humanidade, desafia nossa resiliência, catalisa o crescimento, ela é parte da vida, a tristeza também é parte de mim. Até breve, amigo(a) leitor(a)!